ESSAI

SUR LA

RÉVISION DU CODE CIVIL

PAR

BARTHÉLEMY JOUBAIRE

JUGE AU TRIBUNAL CIVIL DE GUINGAMP (CÔTES-DU-NORD)
LAURÉAT DE LA FACULTÉ DE DROIT DE RENNES

« Si le devoir de chaque citoyen est d'apporter
sa pierre ou son grain de sable pour la construction, la réparation, la consolidation de l'édifice
social, pourquoi un magistrat ne pourrait-il pas,
apportant le tribut de ses méditations, signaler
avec mesure les imperfections de la loi qu'il est
chargé d'appliquer ? »
(M. CHATAGNIER, *Du renvoi sous la surveillance.*)

LABOR · OMNIA · VINCIT · IMPROBVS

PARIS

E. PLON ET Cᴵᴱ, IMPRIMEURS-ÉDITEURS

10, RUE GARANCIÈRE

1873

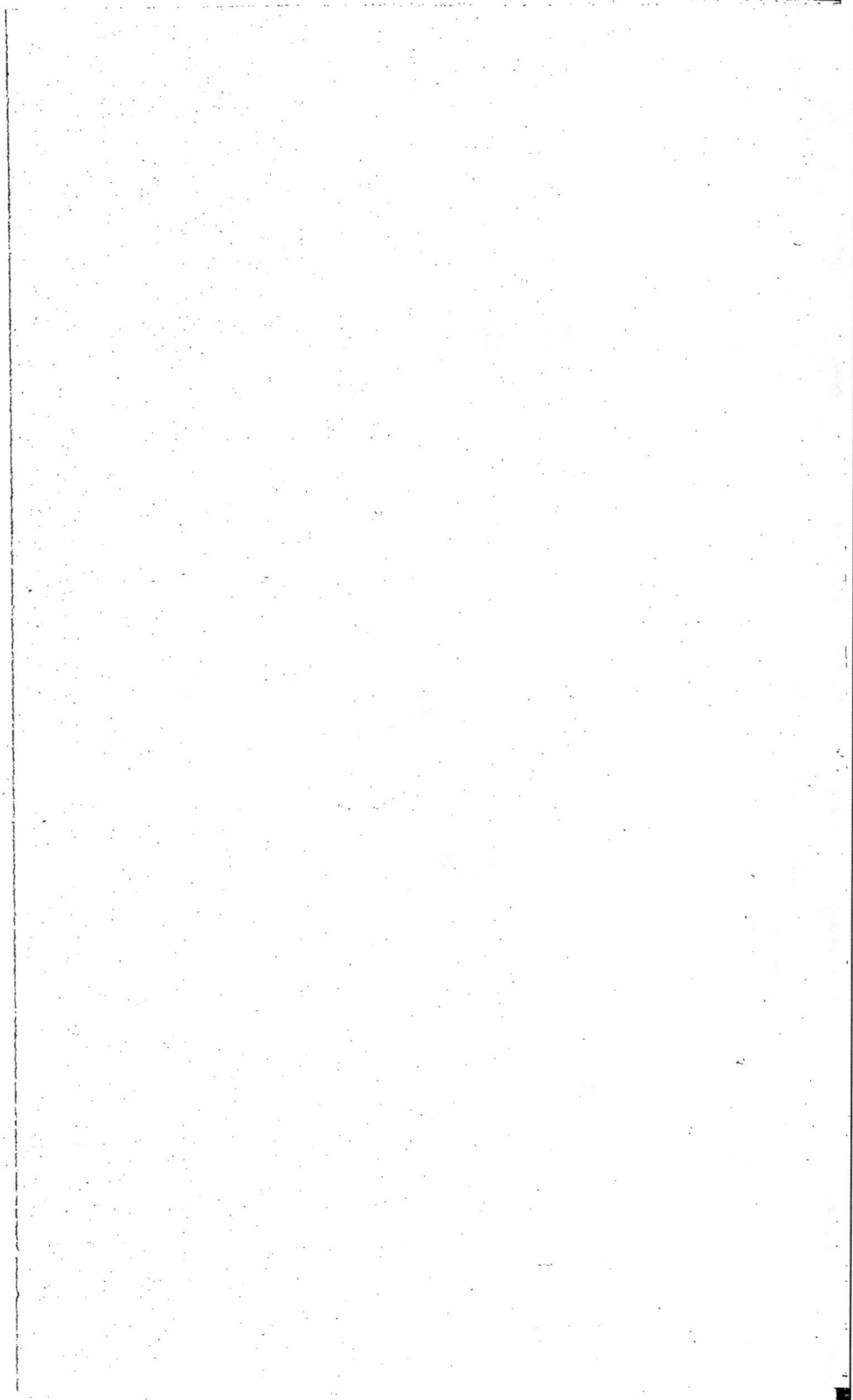

ESSAI

SUR LA

RÉVISION DU CODE CIVIL

652

6990

PARIS. TYPOGRAPHIE E. PLON ET Cⁱᵉ, 8, RUE GARANCIÈRE.

ESSAI

SUR LA

RÉVISION DU CODE CIVIL

PAR

BARTHÉLEMY JOUBAIRE

JUGE AU TRIBUNAL CIVIL DE GUINGAMP (CÔTES-DU-NORD)
LAURÉAT DE LA FACULTÉ DE DROIT DE RENNES

« Si le devoir de chaque citoyen est d'apporter sa pierre ou son grain de sable pour la construction, la réparation, la consolidation de l'édifice social, pourquoi un magistrat ne pourrait-il pas, apportant le tribut de ses méditations, signaler avec mesure les imperfections de la loi qu'il est chargé d'appliquer ? »
(M. CHATAGNIER, *Du renvoi sous la surveillance.*)

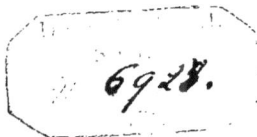

PARIS

E. PLON ET Cⁱᵉ, IMPRIMEURS-ÉDITEURS

10, RUE GARANCIÈRE

—

1873

INTRODUCTION

Il y a près d'un siècle que les aspirations progressives des Français s'épuisent sur le terrain des questions gouvernementales. Un champ illimité est encore ouvert aux controverses du droit public.

Ainsi absorbées par la politique, nos Assemblées se sont désintéressées du droit privé, et, depuis soixante-dix ans, à part de trop rares exceptions, la législation civile est demeurée le privilége de la tradition. N'est-il pas temps que la voie du progrès lui soit ouverte? De solennels débats sur diverses pages de notre Code seraient aussi dignes de l'attention du législateur que des disputes souvent irritantes, parfois stériles, sur les problèmes constitutionnels, en grande partie résolus par le système qui, laissant à la Représentation nationale le souverain contrôle, et déléguant au citoyen de son choix le pouvoir exécutif, a su réconcilier, en France, l'ordre et la liberté.

Quand le mouvement est une des grandes lois de

l'humanité, il n'est pas possible que les statuts qui règlent les rapports des citoyens entre eux, limitent les pouvoirs du père de famille, de l'époux et du tuteur, organisent la transmission de la propriété, et résolvent les grandes questions du crédit, soient voués à une éternelle immobilité. Certes, la réforme doit être mûrie, lente, discrète, partielle. Personne ne professe plus de respect que l'auteur inconnu de ces lignes pour cette méthodique codification, où se sont burinées la liberté religieuse et testamentaire, l'égalité civile, la suppression du droit d'aînesse, la liberté des contrats, la responsabilité des fautes, l'abolition de l'antique formalisme, la publicité hypothécaire. Mais ce bel édifice de nos lois civiles est-il harmonieux dans toutes ses proportions? Et le plus sûr moyen d'en perpétuer la durée ne serait-il pas de l'étayer, de l'agrandir, de l'achever?

Divers écrivains l'ont déjà pensé [1]. J'ai bénéficié de leurs travaux avec gratitude, contredisant parfois leurs conclusions avec indépendance. Avec eux,

---

[1] P. Rossi, *Observations sur le droit civil français considéré dans ses rapports avec l'état économique de la société. Revue de législation et de jurisprudence*, t. XI, janvier-juin 1840.

M. Rivet, *Des rapports du droit et de la législation avec l'économie politique;* 1 vol., 1864, chez Guillaumin et Cie.

M. Batbie, *Révision du Code Napoléon,* Mémoire à l'Académie des sciences morales et politiques, *Revue critique de législation et de jurisprudence*, t. XXVIII, février 1866.

je crois qu'aucune législation humaine n'est et ne peut être parfaite; je crois que toutes sont perfectibles; je crois que les destinées des sociabilités modernes ne sont pas achevées; je crois, après un éloquent économiste, que « l'invincible tendance « sociale est une élévation progressive et indéfinie « vers un commun niveau intellectuel et moral. »

L'antiquité païenne, se moulant dans la splendeur de ses épopées et de ses monuments, a touché aux plus hautes cimes du Beau. Sans cesse dominée par des aberrations aussi terribles que le polythéisme et l'esclavage, elle a souvent cherché, en s'approchant parfois du but qu'elle n'a point atteint, la dernière formule du Vrai et du Bien, dont le génie chrétien a éclairé les intarissables sources. « Le droit romain, a dit un savant écrivain, a été meilleur à l'époque chrétienne que dans les âges antérieurs les plus brillants [1]....... » De même, le nouveau Code civil des Français a été meilleur que les Coutumes, parce qu'il a substitué l'unité légale à la diversité; parce que, répudiant les traditions juridiques du féodalisme et de l'esprit de système, il a pris ses règles dans la nature et demandé ses inspirations à la raison

---

[1] Troplong, *Influence du Christianisme.*

suprême qui s'appelle l'*équité*. Non pas l'équité individuelle et capricieuse des parlements, j'entends
l'équité impersonnelle et réfléchie de la loi.

Mais ce cadre de justice et de raison s'est brisé
en certains endroits. Le Code s'est promis de for-
tifier la famille, de favoriser le mariage, de protéger
les faibles, de respecter religieusement la loi des
contrats. Malheureusement, son programme a subi
des infidélités. — Ce n'est pas tout : notre Code
présente des lacunes et des antinomies de texte, qui
alimentent, à l'École et au Palais, les *questions dites
controversées*. De là de choquantes diversités dans
la jurisprudence. Quelle surprise ne causerait-on
pas à ceux qui ne sont pas des *initiés,* en leur appre-
nant que certaines difficultés, des plus pratiques, ne
sont pas résolues par la loi, et que sur telle question,
par exemple, les docteurs ont créé jusqu'à douze
systèmes, entre lesquels les tribunaux éprouvent le
trop grand embarras du choix! Cette sorte d'anar-
chie judiciaire doit avoir un terme. Ne nions pas les
indéniables et éminents services de notre suprême
aréopage, sans cesse recruté parmi les plus doctes
membres des Cours d'appel et des Facultés de droit,
et constamment assisté d'un des plus savants bar-
reaux du monde; mais sachons aussi nous incliner

devant d'incontestables évidences. La jurisprudence
a donné à certains problèmes juridiques des solutions
désormais irrévocables et unanimement acceptées.
Mais, sur d'autres points, dont plusieurs sont capitaux, elle a été impuissante à s'unifier; si elle a su
recueillir les plus précieux matériaux, c'est à un
Pouvoir encore plus élevé qu'il appartient de s'en
saisir et de terminer le monument, c'est-à-dire,
d'éteindre législativement les principales questions
controversées.

Au résumé, quelques dispositions iniques,
une insuffisante protection des incapables, certains conflits de la loi avec les phénomènes économiques, enfin de partielles défaillances de rédaction : voilà les taches qui déparent la belle œuvre
de Portalis et de Treilhard, et que je me suis proposé de signaler, de rendre tangibles. Je n'entends
donc pas présenter cette simple étude comme un
traité *ex professo,* encore moins comme un projet
de refonte totale de notre Code. Encore une fois,
ce livre n'est qu'une humble thèse en faveur de quelques additions nécessaires et de quelques retouches
de style, qui couronneraient l'édifice de nos lois. Une
pareille entreprise, conduite à fin, serait un acte
national. Elle constituerait un hommage intelligent,

point une brutale offense à la législation actuelle, qu'elle ferait plus spiritualiste, plus juste et aussi plus pratique. Elle honorera le futur législateur qui la réalisera. Elle sera de sa part une courageuse application de cette devise d'un Romain, qui a été la mienne et qui sera peut-être mon excuse : *Laboremus.*

ESSAI

SUR LA

RÉVISION DU CODE CIVIL

I

TITRE PRÉLIMINAIRE.

DE LA PUBLICATION, DES EFFETS ET DE L'APPLICATION DES LOIS EN GÉNÉRAL.

Au seuil même de l'œuvre, l'article 1er m'arrête. D'après le paragraphe 3 de cet article, la promulgation faite par le chef de l'État est *réputée* connue dans le département de sa résidence un jour après celui de la promulgation ; et dans les autres départements, à l'expiration du même délai, augmenté d'autant de jours qu'il y a de fois dix myriamètres (environ vingt lieues anciennes) entre la ville de la promulgation et le chef-lieu du département.

Cette disposition me paraît critiquable à trois points de vue.

Tout d'abord, elle constitue un système très-compliqué, basé sur une fiction. Sans doute, la fiction est parfois une nécessité légale. Elle cesse d'être admissible, lorsqu'elle est démentie par la constante réalité des faits. N'en est-il pas ainsi de la règle *qui suppose* que vingt-quatre heures sont indispensables pour porter la connaissance de la volonté législative à une distance de vingt lieues? Dans le temps des courriers du Consulat [1], cela se concevait. Aujourd'hui, cet espace de dix myriamètres est franchi en quatre ou cinq fois moins de temps, lorsqu'il n'est pas complétement supprimé par l'électricité.

En second lieu, cet article a le tort de présenter diverses lacunes, qui sont la source de controverses inépuisables et de procès dispendieux. Ainsi, que décider, lorsqu'il se trouve une fraction de dizaine de myriamètres entre la ville capitale et la ville chef-lieu? La loi n'en dit rien : de là, dispute entre les auteurs et opposition entre les arrêts [2]. Que décider encore sur la question de savoir quel est, relativement à chaque citoyen, le point à considérer pour appliquer la présomption de la connaissance de la loi? Est-ce la résidence ou le domicile? Nouvelle omission du législateur, nouveaux embarras dans la pratique.

Le troisième aspect appartient à un autre ordre

---

[1] La loi contenant la réunion des lois civiles en un seul corps de lois, sous le titre de Code civil des Français, est du 30 ventôse an XII (21 mars 1804).

[2] Demolombe, t. I, n° 26; Toullier, t. I, n° 73; Valette, sur Proudhon, t. I, p. 18; Ducaurroy, Bonnier et Roustaing, t. 1, p. 44. — (Cass., 21 mars et 23 avril 1831 (D. P., 1831. 1. 213); Cass., 27 juin 1854 (D. P., 1855).

d'idées. Au début même de cette codification abolitive des Coutumes, et créatrice d'un droit unique
pour tous les Français, l'article 1er déroge à ce
grand principe de l'unité législative ; il découpe,
pour une période variable de temps, le territoire
du grand État en une série de petits États régis par
deux lois différentes ; loi nouvelle à Paris, loi
ancienne à Marseille. Supposez un contrat entre un
habitant de la première ville et un de la seconde :
le premier réclamera l'application de la loi nouvelle,
et il sera dans la vérité ; l'autre invoquera l'ancienne,
et il sera aussi dans la vérité. Il faudra pourtant
bien que l'une de ces vérités succombe, et qu'un
jugement immole l'une d'elles.

Sans doute la Restauration a inventé un palliatif.
Une ordonnance du 27 novembre 1816 [1] a autorisé
un moyen plus rapide de promulgation. Une autre
du 18 janvier 1817 a prescrit qu'à la réception de
la loi « le préfet prendra de suite un arrêté par
« lequel il ordonnera que la loi sera imprimée et
« affichée partout où besoin sera ». Mais il faut
bien reconnaître que ces deux ordonnances, en tant
qu'elles ont pour but de rectifier une loi, sont
inconstitutionnelles. D'ailleurs, si elles font disparaître le premier inconvénient, et si elles

---

[1] L'ordonnance de 1816 décide que dans les lieux et dans le
cas où le Souverain jugerait convenable de hâter l'exécution d'une
loi, les lois et ordonnances seront censées publiées et seront exécutoires au jour qu'elles sont parvenues au préfet.

atténuent le second, elles laissent entièrement subsister le troisième.

« Cette discussion », dit l'éminent doyen de la faculté de droit de Caen [1], « me persuade de plus « en plus que le mode de publication de nos lois « appelle des améliorations. J'aimerais mieux, pour « mon compte, que la loi nouvelle devînt, après un « certain délai, obligatoire le même jour dans toute « la France. »

C'est sous le patronage du jurisconsulte normand, que je conclus dans ce sens à l'impérieuse nécessité d'une modification de cet article 1er. Au lieu de la demander à une inspiration personnelle, nous ferions sagement de l'emprunter à la loi récente du 28 février 1845, devenue l'article 1er et l'article 2 nouveaux du Code civil de la Belgique.

En voici le texte :

« 1° *La sanction et la promulgation se feront de la* « *manière suivante :*

« 2° *Les lois, immédiatement après leur promul-* « *gation, seront insérées au* Moniteur. *Elles seront* « *obligatoires dans tout l'État, le dixième jour après* « *celui de la publication, à moins que la loi n'ait* « *fixé un autre délai.* »

Telle est la règle logique, simple, claire, qu'il est bon d'adopter. Avec ce système, plus de complication, plus de débats sur la distance, plus de diver-

---

[1] Demolombe, t. 1, p. 36, 7e édition.

sité de législation à la même époque, dans le même pays. Hommage rendu au grand principe de l'unité législative, l'article 1er ainsi modifié serait le fruit mûri d'une longue expérience, et constituerait un évident progrès [1].

[1] Le récent décret du 5 novembre 1870, en rendant obligatoires, dans l'étendue de chaque arrondissement, les lois et les décrets, un jour franc après l'arrivée du *Journal officiel* au chef-lieu de cet arrondissement, a remédié aux deux premiers inconvénients signalés, mais il n'a point fait disparaître le troisième.

II

LIVRE PREMIER.

DES PERSONNES.

TITRE PREMIER.

DE LA JOUISSANCE ET DE LA PRIVATION DES DROITS CIVILS.

Nous comptons en France bien des milliers d'étrangers. La situation politique de ces *aubains* est parfaitement définie : leur séjour n'est que toléré par le Gouvernement, dont le devoir est d'expulser ceux qu'attireraient des intentions de désordre ou d'espionnage. En conséquence, ils n'ont à participer en rien à l'exercice de la puissance publique.

Mais leur régime civil est plus vague ; les textes sont ici d'une insuffisance notoire ; la matière est à peine ébauchée, et l'on pourrait en citer, comme preuve, le nombre considérable de monographies publiées sur cet inépuisable sujet.

Une première difficulté naît d'abord de la comparaison des articles 11 et 13 du Code civil. Applicable aux étrangers autorisés à fixer leur résidence en France, la seconde de ces dispositions est fort satisfaisante. Il en est différemment de la première, qui ne concède aux autres étrangers que les droits stipulés dans les traités diplomatiques[1]. Le sens littéral de cet article est fort clair : point de traités, point de droits. Contre de pareilles inflexibilités, tout proteste. Mis en contact quotidien avec nos nationaux par les accidents multiples de la vie, les étrangers résidant parmi nous se trouvent en face d'obligations et de droits que sanctionne la force même des choses. Diverses dispositions, éparses dans notre Code, consacrent implicitement cette nécessité, en permettant aux étrangers de devenir propriétaires, de plaider, de se marier en France, etc... Les casuistes de notre loi appellent ces droits des *droits privés,* par opposition aux *droits civils ;* ils proposent à cet égard une distinction délicate ou plutôt subtile, que l'un d'eux a définie en disant que l'article 11 « *s'applique uniquement aux droits civils créés par la loi civile elle-même* [2] ».

Cette distinction est malaisée à saisir et surtout à appliquer. Elle eût fait l'orgueil d'un jurisconsulte romain de la vieille roche, je doute qu'elle soit une pierre de touche infaillible entre nos mains. Comme le fait remarquer un écrivain grec[3] qui a eu la piquante pensée de traiter la question : « *Quel est le*

---

[1] ARTICLE 11. « L'étranger jouira en France des mêmes droits « civils que ceux qui sont ou seront accordés aux Français par « les traités de la nation à laquelle cet étranger appartiendra. »

[2] Sapey, *Les Étrangers en France*, p. 162.

[3] Dragoumis, *De la condition civile de l'étranger en France*, p. 53.

droit qui n'a pas été plus ou moins réglementé par le législateur moderne ? » M. Dragoumis a raison : une pareille règle est bien subtile, et le magistrat ne marche qu'en tâtonnant dans ce labyrinthe peuplé de difficultés. Il serait pourtant facile de légiférer sur ce sujet. Puisque nous recevons chez nous les étrangers, puisque nous leur vendons nos meubles et nos immeubles, puisque nous leur louons nos maisons et que nous commerçons avec eux, puisque nous les convions à fonder chez nous et des familles et des établissements, ayons au moins la logique de notre hospitalité. Écartons-les avec un soin jaloux du forum politique, mais tarissons la source de ces procès sans fin, en leur concédant l'usage régulier des droits civils. Pour moi [1], je ne puis apercevoir de solution conforme à l'état de nos mœurs que dans un remaniement complet du texte disposant que « *l'étranger jouira en France de tous les droits civils, qu'une réserve expresse de la loi ne lui enlèvera pas* ».

Le problème se complique, lorsqu'il s'agit de déterminer les lois d'après lesquelles les droits

---

[1] Chose étrange ! la préparation de ces règles a traversé de si singulières vicissitudes, que l'article en question dit exactement le contraire de ce que bon nombre de membres du Tribunat et du Corps législatif voulaient y mettre. Qu'on en juge par la déclaration suivante du tribun Grenier : « On objecte que la loi ne « détermine pas assez quels sont les droits civils, mais il y a une « détermination exacte; les droits dont les étrangers seront pri- « vés seront marqués dans les titres du Code qui y ont trait. » (V. Fenet, t. VII, p. 240.)

accordés aux étrangers doivent être réglementés. Est-ce la loi française? est-ce la loi étrangère?

Le paragraphe 2 de l'article 3 ne répond que partiellement, et à l'égard des immeubles. Notre Code ne contient aucune règle pour les diverses autres branches de la question. Devant ce silence, la théorie et la pratique ont passé de l'exégèse à l'invention : elles ont dû créer. De leur commun accord sont nées diverses formules. La principale affirme que les lois de statut personnel suivent les étrangers venus en France. Mais ce principe comporte une double restriction : 1° les lois étrangères ne sont applicables sur notre territoire qu'à la condition de ne point offenser l'ordre public; 2° d'étrangers à Français on doit préférer la loi française, quand le droit ne tient pas à une question de capacité de la personne [1].

Ces principes sont généralement admis, mais ils ne donnent pas la clef de toutes les difficultés. Sur ce terrain elles sont nombreuses, et j'en citerai seulement deux, à titre d'exemple :

A. L'étranger, divorcé dans son pays, peut-il contracter un second mariage en France?

B. Quelle est en France l'autorité d'un jugement émané d'un tribunal étranger?

A. Presque toutes les religions grecques et pro-

---

[1] Demangeat, *Histoire de la condition des étrangers en France,* p. 384.

testantes admettent le divorce. Un Anglais, un
Russe, un Américain, placés dans cette situation,
peuvent-ils se remarier chez nous ?

Notre loi est muette. Aussi la question divise-
t-elle en deux camps opposés les auteurs et les
arrêts, qui invoquent, de part et d'autre, de graves
raisons de décider. Il y a quelques années, l'affirmative a été soutenue avec autorité par le plus
éminent des jurisconsultes du barreau de Paris [1]. Mais
cette doctrine rencontre bien des dissidents [2]. Je suis
et je resterai du nombre. Introduite pour rendre
hommage à la règle sainte et sociale de l'indissolu-
bilité du mariage, la loi abolitive du divorce est
une loi de bonnes mœurs. Pourquoi donc ne s'im-
poserait-elle pas aux étrangers comme aux nationaux ? On doit toutefois reconnaître qu'il y a une
lacune dans notre loi, et qu'il est très-désirable
qu'elle soit comblée.

B. La question est très-pratique : j'en puise les
éléments dans les annales judiciaires.

Un Autrichien a souscrit des effets de commerce
au profit d'un Français; celui-ci s'adresse à la
juridiction autrichienne; il est débouté [3].

2° Un Belge a passé un contrat avec un autre
Belge. Le tribunal de Belgique saisi de l'interpréta-

---

[1] *Gazette des Tribunaux* du 5 juillet 1859.
[2] Demangeat, sur Fœlix, t. I, p. 66, la note A; Demante, sur
l'article 3, t. I, p. 45.
[3] Dalloz, P. 1857. 2. 209.

tion du traité, condamne le premier à payer au second une certaine somme [1].

Eh bien, quelle sera sur notre territoire la portée de ces décisions intervenues à l'égard d'un Autrichien, d'un Belge, si cet Autrichien ou si ce Belge vient s'établir en France?

Ces décisions, disent notre Code civil et notre Code de procédure, ne seront susceptibles d'exécution en France que lorsqu'elles auront été déclarées exécutoires par un tribunal français [2]. Ainsi le jugement étranger, avant d'être appliqué chez nous, doit être *francisé.* Mais le tribunal français doit-il octroyer un simple visa, ou *pareatis,* ou bien se livrer à une révision? En un mot, *quelle est en France l'autorité de la chose jugée des jugements des tribunaux étrangers?* La question est immense. Elle n'est tranchée par aucun article, par aucune disposition de nos lois.... Si les textes font défaut, les systèmes ne manquent pas. Les uns empruntent au vieux droit les distinctions du Code Michaud [3], d'autres repoussent ces distinctions comme arbitraires, et soutiennent qu'il n'y a jamais lieu à révision [4]. D'autres encore admettent la révision dans tous les cas, même entre étrangers [5].

---

[1] D. P., 1848. 2. 66.

[2] Articles 2123, § 4, et 546.

[3] Valette, *Rev. du droit français et étranger*, t. VI; Fœlix, t. II, p. 70; Demangeat, p. 405 et suiv.; Sapey, p. 226; Colmet-Daâge, sur Boitard, t. II, p. 484, note.

[4] Boitard, *Procédure*, t. III, p. 300.

[5] Arrêt de Douai rapporté dans Dalloz, 1848, *loc. cit.* Il est

Une quatrième doctrine assigne au tribunal français un pouvoir de surveillance dans l'intérêt public. Dans cet ordre d'idées, le tribunal français doit, avant de déclarer exécutoire le jugement étranger, se borner à examiner s'il ne contient rien de contraire à la souveraineté de l'État, à l'ordre public et aux bonnes mœurs [1]. On le voit : le conflit est flagrant ; au législateur de le faire cesser au plus tôt. Des divers systèmes soumis à son option, le meilleur me paraît être celui qui est enseigné par M. Paul Pont, parce qu'il est aussi pratique que philosophique, et parce qu'il concilie le principe personnel et le principe territorial. Ce système est vraiment digne des sympathies du Pouvoir législatif, et je crois qu'il sera l'objet de ses préférences, lorsque ce Pouvoir se décidera à régulariser, par des dispositions plus complètes, la situation des étrangers en France.

remarquable que cette décision est absolument contraire aux arrêts du parlement de Paris, en date de 1777 et 1778, qui déclarèrent exécutoire une sentence de l'Échiquier de Londres entre deux Irlandais. (Sapey, p. 230.)

[1] Dragoumis, p. 147 ; Marcadé, t. I, nos 143 à 145 ; Paul Pont, *Priviléges et hypothèques*, t. I, nos 583 à 587.

III

DES ACTES DE L'ÉTAT CIVIL.

§ 1er. *Dispositions générales.*

La loi qui a chargé les officiers de l'état civil de dresser, en dehors de l'action du clergé, les actes de naissance, de mariage et de décès, est la consécration du principe de la liberté des cultes : principe indiscutable et indiscuté.

Malheureusement, ces précieuses archives ne sont pas toujours tenues avec une exactitude parfaite. Dans les campagnes, il est fréquent de voir ces registres entachés d'erreurs graves; souvent les actes sont, à titre provisoire, malgré la sanction de l'article 192 du Code pénal, notés sur des feuilles volantes, dont les mentions sont ensuite, quand le maire ou son secrétaire en a le loisir, transcrites sur les registres eux-mêmes. Pour se convaincre de ces multiples et funestes irrégularités, il suffit de remarquer le nombre surprenant de décisions rendues, chaque année, sur la matière, par les tribunaux. En 1867, il a été prononcé 9,443 jugements d'homologation et de rectification[1]. En 1868, il en est in-

---

[1] *Compte général de l'administration de la justice civile et commerciale en France pendant l'année 1867.*

2.

tervenu 11,548[1]. Sans doute, l'incurie des intéressés, qui ne prennent pas toujours l'initiative des
déclarations à effectuer, a sa part dans cette statistique. Mais les magistrats constatent tous les jours
que la négligence des officiers de l'état civil est
comptable d'une partie du mal. Ce mal, il est urgent
d'y obvier, en rendant la surveillance plus pressante. La conclusion à tirer, en effet, des chiffres
posés plus haut, est que la vérification annuelle
opérée par les procureurs de la République n'est pas
suffisante : elle laisse place à de trop nombreux
arriérés. Le moyen pratique d'obtenir la tenue quotidienne des registres serait d'organiser, par une
disposition légale, des visites au moins trimestrielles
à faire, dans les mairies, par les juges de paix.

L'état actuel de notre législation ne contient pas
de dispositions de cette nature. Sans doute, les officiers du parquet peuvent se transporter dans les
communes, s'ils le jugent nécessaire, pour vérifier les
actes de l'année courante[2]. Sans doute, les procureurs de la République peuvent aussi déléguer, à cet
effet, le juge de paix du canton où se trouvent les
registres à vérifier[3]. Mais ce ne sont là que des
invitations, auxquelles il peut convenir à ces magistrats de ne déférer que rarement. En fait, les véri-

---

[1] *Compte général*, 1868.
[2] Ordonnance royale du 26 novembre 1823. Circulaire minis-
térielle du 31 décembre 1823.
[3] Ordonnance royale du 10 mars 1825.

fications de ce genre sont très-exceptionnelles [1]. Un intérêt social du premier ordre ne saurait se satisfaire d'un pareil état de choses. Il est temps que la loi commande, et qu'elle prescrive des examens fréquents et périodiques aux auxiliaires des procureurs de la République. Cette prescription pourrait, par une addition à l'article 53 du Code civil, se libeller à peu près en ces termes :

« *Tous les trois mois, à des jours irréguliers,* « *chaque juge de paix se transportera dans les mai-* « *ries de son canton, et s'y fera présenter les divers* « *registres de l'état civil qu'il visera; il dressera* « *de chacune de ces visites un procès-verbal dé-* « *taillé, qui sera, sous les trois jours, adressé au* « *parquet. Il n'aura droit à aucune indemnité de* « *transport.* »

Cette mesure, assurément, ne serait pas un souverain remède. Mais l'épreuve, sans aucun inconvénient, en pourrait être tentée, et je me persuade qu'elle conjurerait bien des négligences et bien des lacunes, qui sont la compromission permanente des plus précieux intérêts des familles.

§ 2. *Actes de naissance, de mariage et de décès.*

Les dispositions consacrées par notre Code aux actes de naissance sont très-générales; elles ne

---

[1] Cela tient peut-être à ce que les procureurs de la République qui entendent réclamer une indemnité de transport doivent, au préalable, obtenir une autorisation du procureur général. (Article 6 de l'ordonnance précitée.)

distinguent nullement entre les naissances légitimes et celles qui ne le sont pas, et elles recommandent, pour tous les cas, l'indication des nom, prénoms et domicile de la mère, dans le libellé de ces actes.

D'un autre côté, une règle[1] formulée au titre de la paternité et de la filiation, subordonne la recherche de la maternité naturelle à la préexistence d'un commencement de preuve par écrit. La contradiction semble donc flagrante, et cette fâcheuse antinomie a engendré une des questions les plus agitées de la doctrine et de la jurisprudence. Il faut en examiner les deux branches.

PREMIÈRE BRANCHE. *L'officier de l'état civil doit-il mentionner dans l'acte de naissance d'un enfant né hors mariage, le nom de la femme qui lui est déclarée comme étant la mère de l'enfant, par l'une des personnes énoncées dans l'article 56?*

MM. Morelot, Demolombe, Ducaurroy, Bonnier, Roustaing et Bertauld, et, avec eux, bien des arrêts, tiennent pour la négative, en invoquant le motif qu'une semblable mention est inadmissible, parce qu'elle est inefficace. L'affirmative est professée par Boileux, Toullier, Merlin, Delvincourt, Duranton, Coin-Delisle, par M. Valette et par beaucoup de décisions. Rien de plus formel que cette controverse. Elle s'affirme avec netteté dans les extraits suivants :

[1] Art. 341.

Cassation, 1er juin 1853. D. P.,
1853. 1. 177.

« Attendu que les registres
« de l'état civil destinés par
« la volonté du législateur à
« constater l'état des per-
« sonnes font foi des faits dé-
« clarés à l'officier de l'état
« civil, dans les conditions
« que la loi a déterminées,
« et par ceux à qui elle im-
« pose le devoir de faire ces
« déclarations ; qu'il n'y a
« pas à distinguer, si ce n'est
« pour le degré de foi due à
« la preuve des actes de nais-
« sance, entre l'inscription
« d'un enfant légitime et celle
« d'un enfant naturel, du
« moins quant aux faits dont
« la certitude peut être af-
« firmée et légalement con-
« statée ; que si, à l'égard de
« l'enfant naturel, le nom du
« père, à qui, sans son aveu,
« on l'attribuerait, ne doit
« être énoncé par le décla-
« rant ni mentionné par l'of-
« ficier public, c'est parce
« que la paternité est un fait
« inconnu dont la recherche
« est interdite, et dont la
« preuve ne saurait être re-
« çue en dehors des condi-
« tions et des garanties ré-

Grenoble, 5 avril 1843. D. P.,
1845. 2. 105.

« Attendu qu'aux termes
« de l'article 341 du Code
« civil, celui qui réclame l'é-
« tat d'enfant naturel est tenu
« d'apporter un commence-
« ment de preuve par écrit ;
« attendu que l'acte de nais-
« sance du 28 février 1817,
« rapporté par l'intimé, n'é-
« tant point fait avec le con-
« cours de celle dont il se
« dit le fils, ne saurait ser-
« vir contre elle, ni contre
« ses héritiers, sans com-
« mencement de preuve par
« écrit. »

Pau, 29 juillet 1844. D. P.,
1845. 2. 104.

« Attendu qu'en trouvant
« dans l'acte de naissance
« d'Antoine Dastugue, où
« Marie Dastugue fut désignée
« comme sa mère par la sage-
« femme, la preuve de l'ac-
« couchement de celle-ci, le
« tribunal a méconnu les prin-
« cipes ; que sans doute, d'a-
« près l'article 55 du Code
« civil, l'acte de naissance
« prouve bien la naissance de
« l'enfant présenté à l'officier
« de l'état civil, mais qu'il ne

« glées par la loi civile ; mais
« que l'accouchement de la
« mère, c'est-à-dire le fait
« même de la maternité étant
« un fait manifeste, dont on
« peut rendre témoignage
« avec certitude, doit, aux
« termes de l'article 57 du
« Code civil, être énoncé dans
« la déclaration des personnes
« à qui l'article 56 donne la
« mission de déclarer la nais-
« sance. »

Cassation, 23 novembre 1868.
D. P., 1869. 1. 26.

« Attendu qu'il en est spé-
« cialement de l'accouche-
« ment, c'est-à-dire du fait
« même de la maternité, et
« que la preuve à cet égard
« que l'acte fait foi résulte
« de l'article 341 du Code,
« puisque cet article impose
« seulement à l'enfant en cas
« de contestation de son iden-
« tité, l'obligation de prouver
« qu'il est identiquement le
« même que celui dont est
« accouchée la mère par lui
« réclamée. »

« résulte pas de cet article
« que cet acte fasse égale-
« ment preuve de la filiation
« de cet enfant, c'est-à-dire
« de l'accouchement de la
« mère, lorsque celle-ci n'a
« pas concouru. »

Grenoble, 26 décembre 1867.
D. P., 1868. 2. 112.

« Attendu que l'acte de
« naissance de Jean Tardieu,
« dans lequel Henriette Tar-
« dieu est indiquée comme
« lui ayant donné le jour, a
« été rédigé en l'absence de
« cette dernière, sans qu'elle
« y ait concouru [1]. »

V. aussi Toulouse, 2 mai 1866.
D. P., 1866. 2. 83.

A la Cour de cassation, il est facile d'opposer la
Cour de cassation elle-même, qui, dans un arrêt

---

[1] On remarquera combien cet arrêt est récent.

du 8 mai 1810[1], avait commencé; par adopter la négative.

Quelle sera l'issue de cette lutte entre diverses juridictions? Assurément l'autorité de la Cour suprême est aussi élevée qu'elle est légitime. Mais combien de litiges ne montent pas jusqu'à elle? D'ailleurs la haute Cour ne reviendra-t-elle pas à son opinion de 1810? Il est certain que les éminents jurisconsultes qui la composent sont très-divisés sur ce grave débat[2], et ce ne serait pas la première fois qu'elle abandonnerait ses plus récents errements. Il y aurait témérité à prétendre que, sur celle qui nous occupe, le dernier mot soit prononcé, et c'est à cette situation qu'est applicable le mot du poëte :

> Adhuc sub judice lis est.

Deuxième branche. *En supposant résolue affirmativement la première branche de la question, faut-il en conclure que l'article 56 autorise l'officier public à contraindre l'accoucheur à déclarer le nom de la mère, encore bien que celle-ci lui ait confié sa maternité sous le sceau du secret?*

---

[1] Sirey, 1810. 1. 193.

[2] « N'est-il pas singulièrement dangereux que la maternité soit « établie contre elle sans qu'elle l'ait avouée, par la simple indi- « cation des personnes énoncées dans l'article 56, lorsqu'aux « termes de l'article 336, la reconnaissance même du père, sans « l'indication et l'aveu de la mère, ne peut avoir aucun effet « contre elle? » (Conclusions de M. le premier avocat général de Raynal, en date du 26 novembre 1868. D. P., 1869. 1. 16.)

La réponse est de sentiment, plus encore que de raison. La malheureuse fille déclarée et trahie par celui même que son caractère professionnel désignait à son aveugle confiance .... cela paraît impossible. Et pourtant cela est écrit dans certains arrêts.

« Considérant », disait la Cour de Dijon, le 14 août 1840[1], « qu'en vain les docteurs en médecine ex-« ciperaient de l'article 378 du Code pénal qui leur « défend de révéler les secrets dont ils sont dépo-« sitaires par état ou profession ; que cet article ne « dispose évidemment que pour le cas où la loi n'a « point imposé le devoir d'une révélation[2]... »

Cette étrange doctrine, qui aboutissait à la con-damnation correctionnelle des médecins coupables d'avoir gardé le silence, a été heureusement re-poussée par des décisions très-juridiques[3], et je ne sache pas qu'aucune juridiction y soit revenue depuis un certain nombre d'années. Toutefois, il est indis-pensable d'anéantir, sur ce point comme sur le pré-cédent, le moindre prétexte à la controverse ; et c'est à une autorité encore plus puissante que l'au-torité judiciaire que cette mission revient.

Une règle uniforme, énoncée dans un texte clair et précis, doit effacer cette dualité fâcheuse qui existe dans les arrêts de la justice.

---

[1] Sirey, 1840. 2. 447.
[2] Cf., Paris, 20 avril 1843. (Sirey, 1843. 2. 310.)
[3] Cass., 1er juin 1844. (D. P., 1844. 1. 282.)

Quelle serait donc la plus sage résolution à adopter en cette importante matière? La dernière partie du problème est facile à résoudre. Le respect du secret professionnel apparaît ici comme un dogme fondamental et bien des fois séculaire. *Non liceat clericum ad testimonium evocari eum qui præses vel cognitor fuit,* dit un très-ancien concile. Violentez, même sous prétexte de légalité, le secret du prêtre, de l'avocat, du magistrat, du médecin; vous portez le coup mortel à la religion, à la famille, à la justice, à la société. Cette évidence s'énonce et ne se démontre pas.

Quant à la première branche de la question, elle trouve aussi sa solution dans les principes de la justice universelle.

« L'avocat, le prêtre, l'homme de l'art, n'ont pour « arbitre de leur conduite que leur conscience et « l'intelligence des devoirs de leur état », dit excellement M. le président Faustin Hélie [1].

Il est possible que le médecin n'ait pas appris le fait de l'accouchement sous le sceau du secret, et qu'il vienne spontanément révéler à l'officier public le nom de la mère. On n'aperçoit plus, en ce cas, pour quel motif, sous quel prétexte, une prescription légale fermerait la bouche à un témoin aussi irrécusable. Quand bien même une énonciation aussi précise ne constituerait plus tard qu'un indice ou

---

[1] *Théorie du Code pénal,* t. V, 4e édition, p. 11.

qu'une présomption[1], n'y aurait-il pas injustice à en priver l'enfant qui voudra un jour revendiquer une filiation? La question ainsi posée est bien vite résolue. L'équité et la morale conduisent à une conclusion identique. Pourquoi ne pas s'inspirer de ces considérations si décisives, et pourquoi ne pas adopter tout simplement cette résolution? « *En cas* « *de naissance naturelle, l'officier public ne pourra* « *exiger des médecins et sages-femmes la révélation* « *du nom de la mère. Si cette indication lui est fournie* « *spontanément, il l'insérera dans l'acte, la portée de* « *cette mention étant définie par l'article* 344 *du même* « *Code.* »

Je ne puis abandonner les actes de l'état civil sans placer ici une réflexion sur l'article 63, relatif aux actes de mariage[2]. On sait qu'une pratique constante viole, chaque jour, cette prescription, en omettant la bannie verbale. La publication écrite, résultant de l'affichage, est seule effectuée, et, pour

---

[1] Je m'expliquerai, au titre de la paternité et de la filiation, sur la portée de cette preuve.

[2] L'article 63 est ainsi conçu : « Avant la célébration du ma- « riage, l'officier de l'état civil fera deux publications à huit jours « d'intervalle, un jour de dimanche, devant la porte de la maison « commune. Ces publications et l'acte qui en sera dressé, énon- « ceront les prénoms, noms, professions et domiciles des futurs « époux, leur qualité de majeurs ou de mineurs, et les prénoms, « noms, professions et domiciles de leurs pères et mères. Cet acte « énoncera, en outre, les jours, lieux et heures où les publica- « tions auront été faites. Il sera inscrit sur un seul registre, qui « sera coté et parafé comme il est dit en l'article 41, et déposé, « à la fin de chaque année, au greffe du tribunal de l'arrondis- « sement. »

donner à la loi une satisfaction apparente, chaque
page du registre à ce destiné renferme l'affirmation
contraire à la vérité de la réalisation de cette formalité. La conscience est offensée par le spectacle
de cette imposture officielle, quotidiennement per-
pétrée dans les trente mille communes de France.
Puisque depuis plus d'un demi-siècle nos mœurs
ont répudié ce genre de publication, on peut considérer l'épreuve comme décisive et en consommer
l'abolition. Bien mieux vaut supprimer résolûment
une loi inutile que d'en violer systématiquement les
prescriptions.

IV

TITRE CINQUIÈME.

DU MARIAGE.

Tout a été dit sur l'importance suprême de cette institution définie par la Genèse, élevée à la dignité de sacrement par la religion chrétienne, organisée dans ses rites par les législations les plus rudimentaires comme par les plus avancées. Notre Code n'a pas failli à sa mission ; généralement, ses règles sont aussi claires que morales, et échappent à la critique. En ébranler l'économie serait funeste ; en signaler les imperfections n'est pas inutile. A ce propos, je ne discuterai pas cette limite d'âge, pourtant si discutable, de dix-huit ans, à partir de laquelle notre Code permet à l'homme de se marier. On peut se demander si cette limite très-prématurée n'est pas condamnée par les lois économiques, qui font que l'ouvrier, établi à cet âge sans avoir eu le temps d'épargner un pécule, est fatalement voué, ainsi que sa famille, à une détresse prochaine ; si, de plus, elle n'est pas en opposition avec notre nouvelle loi militaire, qui appelle tous les Français de vingt à vingt-cinq ans sous les drapeaux... Mais c'est sur d'autres terrains que se placeront mes observations. Dans un premier paragraphe, je tâcherai de rendre sensible deux anomalies qu'il importe suivant moi de faire disparaître ; dans un second, je montrerai la nécessité d'éteindre législativement une controverse célèbre.

§ 1er.

Il existe dans notre loi matrimoniale une disposition étrange, en vertu de laquelle les prohibitions aux mariages entre beaux-frères et belles-sœurs, entre oncles et nièces, peuvent être levées par la volonté du chef de l'État. En méditant cette règle, on est, malgré soi, dominé par cet écrasant dilemme : si la morale et le bon ordre des familles exigent la défense de telles unions, pourquoi ne point la prononcer d'une manière absolue ? Si ces unions, au contraire, ne blessent pas les convenances sociales, pourquoi ne pas les permettre absolument ? Ainsi posée, la question est bien près de sa solution.

Eh bien, je le demande, le spectacle d'un homme qui prend pour seconde épouse, et donne pour seconde mère à ses enfants, la sœur de sa première femme, la tante de ceux-ci, est-il donc un scandale public ? Nos mœurs crient : Non ; et l'expérience ajoute qu'une telle union consacrant parfois la suprême volonté de la mourante, peut être commandée par d'inexorables nécessités, le salut de la famille, l'âge des enfants, l'extinction d'un procès.

Serait-ce que nos mœurs égareraient notre raison ?
Si l'esprit s'élève avec indépendance à l'examen
philosophique de la question, il se convainc qu'il
n'en est rien, et que l'accord le plus parfait règne
ici entre la morale et la liberté. Tel était le sentiment
de Montesquieu [1] : « Le principe, dit-il, que les
« mariages entre les pères et les enfants, les frères
« et les sœurs sont défendus, pour la conservation
« de la pudeur naturelle dans la maison, servira à
« nous faire découvrir quels sont les mariages
« défendus par la loi naturelle, et ceux qui ne
« peuvent l'être que par la loi civile. Il n'est point
« d'un usage nécessaire que le beau-frère et la
« belle-sœur habitent dans la même maison.... la
« loi qui le permet ou le défend n'est point la loi de
« la nature, mais une loi civile qui se règle sur les
« circonstances, et dépend des usages de chaque
« pays ; ce sont des cas où les lois dépendent des
« mœurs..... Cela explique comment les lois de
« Moïse, celles des Égyptiens et de plusieurs autres
« peuples, permettent le mariage entre le beau-frère
« et la belle-sœur, pendant que ces mêmes mariages
« sont défendus chez tant d'autres nations. »

Ainsi la prohibition n'a ses racines ni dans la
notion éternelle du bien et du mal, ni dans les
mœurs : il la faut donc bannir comme un impédi-
ment arbitraire, comme une atteinte à cette liberté

---

[1] *Esprit des lois*, liv. **XXVI**, chap. XIV.

civile, aussi essentielle, aussi nécessaire que les libertés politiques?

Les États-Unis d'Amérique, une partie des cantons de la Suisse, la Prusse, ignorent ces inhibitions. Le droit romain n'interdisait que le mariage avec la belle-mère et la marâtre, avec la bru et la belle-fille [1]. La loi du 20 septembre 1792 déclara complétement libre ce genre de mariages. Les rédacteurs du Code civil paraissent avoir été unanimes dans ce sens, et ce fut au sein du Conseil d'État que naquit, malgré les efforts de la minorité, la résolution d'un empêchement absolu. Issue d'une inspiration libérale, la loi du 16 avril 1832 a sans doute réalisé quelque progrès par l'octroi facultatif des dispenses, mais il ne faut l'accepter que comme une première étape dans la voie de la liberté absolue. Le système actuel, en effet, prête le flanc à toutes les agressions qui menacent les solutions de terme moyen et d'exception, particulièrement au dilemme posé plus haut. Il est surtout suspect parce qu'il substitue les appréciations contingentes des gouvernants à la volonté impersonnelle et immuable de la loi, et parce qu'il réalise cette surprenante anomalie de subordonner l'exercice du droit privé des personnes à la décision des représentants du

---

[1] Tout à fait à la fin de l'Empire, eu égard évidemment aux décisions de la nouvelle Église, on défendit le mariage entre beaux-frères et belles-sœurs. Cf., *Manuel de droit ecclésiastique*, par Ferdinand Walter, p. 409.

3

Pouvoir politique. Certes, si ces représentants avaient entre les mains un critérium aussi fixe qu'infaillible, aucune erreur ne serait à redouter. Mais ce CRITÉRIUM s'est déjà modifié, transformé. Dans sa circulaire du 28 avril 1832, M. le garde des sceaux disait à MM. les procureurs généraux : « *Trop souvent, jusqu'à ce jour, on a cru* « *pouvoir invoquer comme un titre l'existence anté-* « *rieure d'un commerce scandaleux. La faveur* « *accordée à de pareils motifs serait un encouragement* « *donné à la corruption des mœurs.* » Néanmoins, depuis nombre d'années, la jurisprudence gouvernementale s'est jetée dans la voie opposée. On en trouve l'écho dans les lignes suivantes [1] : « *Il y a motifs de dispense : 1° Si la future est enceinte ou si elle a des enfants naturels. S'il y a grossesse, elle doit être constatée par le rapport d'une personne de l'art assermentée.* » Erreur en 1832 ; vérité en 1856 : quel tâtonnement, quelle variété, ou plutôt quelle contradiction de principes! Je me persuade que si la question de la suppression du système des dispenses était agitée, ni les parquets ni la chancellerie ne revendiqueraient la laborieuse responsabilité de préparer et d'émettre des solutions de cette nature. Sans doute leurs investigations sont des plus consciencieuses, aucun détail n'est négligé, aucun temps n'est perdu pour aboutir à la décou-

[1] Massabiau, *Manuel du ministère public*, édition de 1856, t. I, p. 467.

verte de cette vérité souvent si fugitive [1]. Mais tous les *dispensés* sont-ils bien dignes? Tous les *refusés* méritent-ils leur sort? Nul n'oserait l'affirmer, et ce sont là choses de for intérieur, dont les Gouvernements doivent, avant tout, s'abstraire.

Quant aux mariages entre oncles et nièces, entre tantes et neveux, la plupart des considérations qui précèdent leur sont applicables. Toutefois une objection a été indiquée contre ce genre d'unions : celle de la dégénérescence pour cause de consanguinité. Elle devrait être sérieusement examinée, le cas échéant, sous le double aspect de la physiologie et de l'intérêt social. Mais il va de soi qu'il n'y a pas de place pour elle dans la question du mariage des beaux-frères et des belles-sœurs. Celle-ci est bien mûrie; c'est au nom des vrais principes du droit privé qu'elle doit être ramenée au régime si simple de la législation intermédiaire, et qu'il

[1] J'engage les personnes disposées à me contredire, à pénétrer dans un parquet, à y suivre les péripéties réservées à l'étude d'un dossier de dispense d'alliance, à y supputer le nombre incroyable de pièces exigées, à se rendre compte des délais d'attente infligés aux intéressés. Je les engage surtout à lire les sages observations présentées à ce sujet par l'estimable auteur des *Notes pratiques sur l'administration des parquets*. « Pourquoi organiser à ce pro-« pos un service d'une complication et d'une minutie hors de pro-« portion avec les autres services judiciaires, et surtout avec « l'importance du résultat? Pourquoi exiger la production de tant « de pièces? Pourquoi un travail matériel comme en demande à « peine une procédure criminelle? Pourquoi cette quantité « d'énigmes minutieuses que tous les parquets ont constatée cent « fois, et qui font de la formation et de l'examen d'un dossier de « dispense un véritable casse-tête? » (M. Desplagnes.)

paraît nécessaire de supprimer, dores et déjà,
toute prohibition matrimoniale née de l'alliance.

J'aborde un autre ordre d'idées. Au chapitre
relatif aux obligations qui naissent du mariage, le
Code a posé la règle que « les époux contractent
« ensemble, par le fait seul de leur union, l'obli-
« gation de nourrir leurs enfants ». (Article 203.)

Dans l'état de nos mœurs, cet article est critiquable, parce qu'il décrète une règle dépourvue de
sanction, et par suite, d'efficacité. « La loi qui, pour
« dompter l'homme inflexible », a dit le plus grand
philosophe de l'antiquité, « s'arme de la force et
« des châtiments, peut seule, avec la protection
« divine, rendre l'État puissant et fortuné [1]. » Je
dis que cette loi est privée de sanction, et, en appelant ici au témoignage des personnes vouées aux
œuvres philanthropiques, j'atteste que dans la classe
nombreuse qui vit du travail manuel, la grande loi
inscrite dans le Code est souvent violée. Grâce à
Dieu, il n'en est pas toujours ainsi; quand on
pénètre dans les modestes demeures de beaucoup
d'artisans, on est souvent touché de l'harmonie qui
règne dans la famille, et l'on se sent l'âme attendrie
de la sérénité avec laquelle un grand nombre, à
certains moments, subissent de communes priva-
tions. A ceux-là, il ne faut refuser aucune protection, aucune franchise : droit d'association et de

---

[1] *Pensées de Platon*, deuxième partie : *De la morale.*

coopération, lois industrielles, règlement du travail des enfants dans les usines, primes et récompenses, tout doit leur être largement concédé. Malheureusement, le tableau n'est pas sans ombre, et la liste est trop longue des ouvriers qui abandonnent leurs femmes et leurs enfants pour les jeter dans la plus affreuse misère. Le plus souvent, leur départ a pour cause le besoin d'aller au loin chercher du travail. Dans les premiers temps de la séparation, quelques secours sont adressés à la famille restée au domicile d'origine, mais l'éloignement engendre l'indifférence, et les absents ont souvent tort. Bientôt aucun secours, aucune nouvelle ne parviennent plus à la femme et aux enfants, qui vont périr, si l'assistance publique ne leur jette un morceau de pain... Contre cette impuissance de la loi actuelle, contre cette plaie sociale, il faut réagir. Ne conjurerait-on pas en partie le mal en autorisant le juge de paix à fixer équitablement, sans frais ni procédure, par une décision sur papier libre communiquée au chef d'atelier, la portion de salaire que ce dernier devrait prélever et faire parvenir chaque mois à la famille abandonnée? Certes, rien n'est plus sacré qu'un salaire conquis par un labeur honnête... rien, si ce n'est l'obligation de soutenir ceux qu'on a procréés. Et le principe de la loi de 1851, qui concède au patron, pour ses avances, un privilége sur le salaire de l'ouvrier, est, — j'ose le dire, — à un certain degré, moins respectable que celui dont je

voudrais ici être l'avocat autorisé. Peut-être objectera-t-on que le chef de famille ainsi *saisi-arrêté*
pourra facilement échapper à une semblable
retenue, en changeant de résidence. La réponse
est aisée : la loi des livrets strictement appliquée [1]
permettra toujours de suivre sa trace, et l'intervention du magistrat se produira partout. Est-ce à
dire que ce soit là le souverain remède ? Non, sans
doute. Mais la gravité du mal s'impose à l'attention
du moraliste, et le législateur ne mériterait pas son
nom qui ne ferait pas un sérieux effort de ce côté.

§ 2.

Il n'y a pas de question plus brûlante à l'École
et au Palais que celle de savoir quel est le genre
d'erreur qui permet d'annuler les mariages ; ou
autrement, quel est le vrai sens de ces mots de
l'article 180 du Code : « *Erreur dans la personne.* »
Est-ce l'erreur sur l'identité physique, ou bien celle
sur l'état civil, ou enfin celle sur les qualités
morales, que le législateur a eue en vue ? La
querelle est des plus vives. D'ordinaire, on dit
qu'il y a à ce sujet, en doctrine et en pratique,
trois systèmes : ce serait beaucoup. En réalité, il
en faut bien compter cinq [2]. Cette fois, c'est trop.

[1] Articles 3 et 4 de la loi du 22 juin 1854.
[2] D. P., 1861. 1. 49.

Vingt auteurs au moins ont écrit sur la matière ; plus de trente jugements et arrêts se sont prononcés, en sens divers, sur cet interminable débat. Qu'on se demande combien de frais, d'angoisses, d'espérances, de déceptions, représentent ces multiples instances, et qu'on élève ensuite un doute sur la pressante nécessité d'en finir par une solution législative !

Il n'existe, à ce sujet, que deux arrêts de cassation. Tous deux sont intervenus sur cette espèce, si fréquemment choisie comme exemple à l'École, du mariage contracté avec un forçat libéré. Or, par le premier, intervenu le 11 février 1861 [1], la Cour régulatrice a décidé que lorsqu'une « condamnation « à une peine afflictive et infamante a diminué la « personne civile du condamné, et l'a privé d'une « partie notable de ses droits civils et civiques, par « application des articles 28 et 34 du Code pénal, « il est du droit et du devoir des tribunaux d'exa- « miner, d'après les faits et circonstances de la cause, « jusqu'à quel point l'erreur, qui a porté sur des « conditions substantielles constitutives de la per- « sonne civile, a pu opérer erreur sur la personne, « et par suite vicier le consentement de l'époux « trompé. » Par le second, en date du 24 avril 1862 [2], la même Cour a déclaré que « l'erreur dans la

[1] D. P., 1861. 1. 49.
[2] D. P., 1862. 1. 53.

« personne reste sans extension possible aux
« simples erreurs sur des conditions ou des qualités
« de la personne, sur des flétrissures qu'elle aurait
« subies, et spécialement à l'erreur de l'époux qui
« a ignoré la condamnation à des peines afflictives
« et infamantes antérieurement prononcées contre
« son conjoint, et la privation des droits civiques et
« civils qui s'en est suivie. »

Dans ce conflit, où est la vérité juridique? dans le
premier ou le second arrêt? en 1861 ou en 1862?
Ce qu'il y a de certain, c'est que la dernière thèse
ne paraît pas s'être imposée, sans réserves, à tous
les jurisconsultes. En 1865, un des plus puissants
interprètes du Code civil [1] a entrepris contre la
récente doctrine de la Cour de cassation une énergique croisade, qui démontre une fois de plus
l'existence de la fâcheuse ambiguïté dont est
entachée la rédaction de l'article 180.

Une légère retouche de style ferait disparaître
toute difficulté. Il suffirait de l'addition au mot
personne de l'épithète *physique,* ou *morale,* ou *consti-
tutive de la filiation*. Le premier terme est trop
restrictif; le second trop large. C'est le troisième
qui semble le plus conforme aux vrais principes du
droit privé.

---

[1] Demolombe, *Du mariage,* t. I. Cf. aussi un article de
M. Pont, dans la *Revue critique de législation,* 1864, t. XVIII,
p. 193 et 289.

V

TITRE SEPTIÈME.

DE LA PATERNITÉ ET DE LA FILIATION.

En 1869, un savant professeur[1], un peu trop *laudator temporis acti,* a publié sur cette importante matière un traité qui est le procès du Code et l'apologie du vieux droit. A mes yeux, la comparaison des règles si nettes de notre législation avec les ondoyantes décisions de l'ancienne jurisprudence conduit à une conclusion diamétralement opposée. Au milieu des obscurités des vieilles Coutumes, l'esprit, remontant dans le passé, ne constate guère, sur toutes ces questions, que l'absence complète de lois positives, et que l'effrayante omnipotence du juge, couverte des apparences de l'équité. Étrange équité que celle qui laisse la légitimité à un enfant né trois ans après la mort de son prétendu père ; qui déclare qu'une femme a pu, pendant l'absence de son mari, « *concevoir par la seule force de son* « *imagination*[2] » ; qui condamne solidairement aux aliments du bâtard quatre individus convaincus

---

[1] M. Morelot, doyen honoraire de la Faculté de Dijon, *De la reconnaissance des enfants illégitimes suivant le Code Napoléon.*

[2] Nouveau Denizart, vᵒ GROSSESSE, § 4.

d'avoir, le même jour, « commercé avec la mère de l'enfant[1] » ; ou qui, *présumant* que le maître doit être le séducteur de sa servante enceinte, met à sa charge l'enfant, s'il ne réussit pas à prouver que sa domestique a entretenu des relations avec autrui[2] !

Ce legs dangereux du passé, le Code civil l'a répudié. A l'arbitraire du vieux droit, il a substitué des règles positives et méthodiques. La durée *maxima* ou *minima* de la gestation, la présomption de paternité du mari, les conditions de la légitimation, le caractère imprescriptible de l'action d'état, tout généralement a été posé et résolu avec autant de logique que de netteté.... Est-ce à dire que l'œuvre soit irréprochable ? Non, sans doute, et il existe bien quelques ombres au tableau.

Est-il possible, d'abord, de passer sous silence cette célèbre disposition, en vertu de laquelle « *la* « *recherche de la paternité est interdite ?* » Si sa formule concise ne prête guère à la controverse, son principe absolu provoque, en revanche, les plus vives dissertations. Légistes, philosophes, moralistes, romanciers, tout le monde s'est jeté dans la mêlée, et la plupart ont porté à l'article 340 les plus rudes coups.

Je n'apporterai qu'un demi-suffrage à cette agres-

---

[1] *Coutume générale des Païs et Duché de Bretagne*, avec les notes de Pierre Hévin, t. III, p. 324.

[2] *Introduction au Gouvernement des paroisses*, par Pothier de la Germondaye, p. 338.

sive phalange. Sans doute, à la lecture des œuvres dramatiques de quelques-uns de ces écrivains, le cœur se serre et s'émeut, mais la raison se roidit, et s'aperçoit bientôt que cet éloquent plaidoyer n'est qu'une pétition de principe. Entre ce petit enfant si sympathique et ce père si lâche, que votre imagination nous montre, le lien du sang existe, *à n'en pas douter*. Oui, dans votre roman, il est certain que l'un est né de l'autre, et alors votre conclusion est logique... Mais supposez le cas inverse, et imaginez la perfidie de la mère qui, entre plusieurs amants, *choisit* un père à son enfant, en ce cas, votre thèse est un sophisme, et la loi, une muraille contre le chantage!

Cette loi, pour la comprendre, il faut en bien saisir le point de départ et l'inspiration.

« Vous avouez, disait l'orateur du Gouvernement, « que la nature a couvert la paternité d'un voile « impénétrable. Et ce serait précisément hors du « mariage que vous prétendriez percer le mystère « et découvrir la paternité! N'est-il pas évident qu'à « défaut de cette présomption qui naît du mariage, « il n'y a plus *ni signe matériel ni signe légal*[1]? »

Rien de plus sensé que cet aperçu, mais il ne faudrait pas que l'effet dépassât la cause, et l'épreuve faite de cette règle légale, depuis plus de trois quarts de siècle, impose à son absolutisme trois ordres de tempéraments.

[1] Locré, *Esprit du Code civil*, t. V, p. 257.

En premier lieu, le législateur s'est corrigé lui-même dans le second paragraphe de l'article 340 : « Dans le cas d'enlèvement, lorsque l'époque de cet « enlèvement se rapportera à celle de la conception, « le ravisseur pourra, sur la demande des parties « intéressées, être déclaré le père de l'enfant. » Mais quels caractères de fait et de droit doit présenter cet enlèvement? Les jurisconsultes sont loin d'être d'accord, et divers arrêts ont admis que cette disposition exceptionnelle ne doit s'entendre que de l'attentat prévu par le Code pénal de 1810. Une pareille restriction semble pourtant condamnée par la décisive raison que, « les magistrats ayant pu « incontestablement jusqu'en 1810 (date du Code « pénal) considérer comme constituant un enlève- « ment, dans le sens de notre article 340, un fait « que n'atteignait pas la loi pénale [1] », ont évidemment aujourd'hui conservé ce droit, dans un intérêt purement civil. Quoi qu'il en soit, le doute existe; il faut qu'il cesse. La rédaction suivante, ou toute autre équivalente, donnerait au mot « enlèvement » la portée compréhensive qui lui convient :

« *Dans le cas de rapt par force d'une fille, ou d'en-* « *lèvement par séduction d'une mineure de vingt et un* « *ans, lorsque l'époque de sa disparition de son do-* « *micile régulier se rapportera à celle de la conception,* « *le ravisseur ou le séducteur pourra être déclaré père*

---

[1] Valette, sur Proudhon, t. I, p. 530.

« *de l'enfant. Il en sera de même du cas de viol.* »
Cette extension textuelle de la disposition pénale de
l'article 340, loin d'être contredite par les motifs
rappelés plus haut, y trouve, au contraire, sa raison
d'être. Il n'y a plus à redouter ici la fragilité d'une
preuve testimoniale ouverte sur la vie privée de tel
ou tel individu ; le magistrat est en face *du fait matériel,* extérieur, patent, facile à établir, notoire, du
déplacement de la jeune fille, correspondant, par sa
date, à celle de la conception.

Ce point de vue domine également la question si
fameuse des effets de la possession d'état, en matière
de filiation naturelle. Depuis 1835, la guerre est
allumée entre l'École et le Palais ; la lutte ne cessera
que devant l'intervention du législateur. De cette
querelle dogmatique sans fin se dégage une vérité
unique, celle du silence absolu du Code à ce sujet.
Une rectification est donc indispensable, et, assurément, cette rectification ne pourrait manquer de
consacrer la force probante de la possession d'état,
parce que l'état notoire et public de possession
constitue *ce signe matériel* devant lequel la loi doit
incliner ses prohibitions. Les inhibitions juridiques
n'ont leur raison d'être que dans des impossibilités
physiques ou morales ; elles ne sont plus que des
non-sens, lorsque vient à disparaître la cause dont
elles procédaient[1].

[1] « Le titre est l'ouvrage d'un moment, d'un aveu instantané,
« qui peut être le fruit de la surprise ou des obsessions ; la pos-

Enfin il est une troisième addition qui aurait sa place naturelle au pied de cet article 340. Elle répondrait à une situation très-fréquente dans la pratique. Les annales judiciaires abondent, de plus en plus, en procès relatifs à la question de savoir quelle est la valeur de certains engagements alimentaires consignés dans des papiers domestiques ou des lettres missives, remises par autrui à une fille séduite ou à l'enfant naturel né de celle-ci. M. Morelot[1] cite l'exemple d'une lettre, dont le signataire recommandait « à la mère de ne rien épargner pour l'*édu-* « *cation de leur enfant,* promettant de lui rendre « tout ce qu'elle aurait avancé *et de pourvoir lui-* « *même* à cette dépense, aussitôt que sa position le « lui permettrait.... » La mère, en raison de cette déclaration, réclamait pour l'enfant un secours pécuniaire, mais la Cour de Dijon (tout en basant sur une raison différente l'allocation d'une indemnité) lui répondit que « la déclaration de paternité, « réduite à la qualité d'écriture privée, ne peut même « conférer le droit d'exiger des aliments. »

Pendant longtemps, cet aperçu de l'indivisibilité de la paternité et de l'authenticité de la reconnaissance a créé une trop facile fin de non-recevoir au profit de certaines infamies, qui y puisaient le moyen, plus

« session d'état est une reconnaissance continue, persévérante, « de tous les jours, de tous les instants. » (Demolombe, *De la paternité et de la filiation,* p. 514.)

[1] *Op. cit.,* p. 460.

juridique que moral, de lacérer une formelle obligation, écrite et signée. Aujourd'hui, une partie de la jurisprudence se montre moins draconienne. La Cour de Paris a jugé récemment[1] « que l'engage- « ment pris par un individu, librement, par des « motifs licites, et pour satisfaire à des obligations « de for intérieur, de pourvoir aux besoins des en- « fants d'une personne avec laquelle il a eu des « rapports intimes, est valable et obligatoire. » La Cour de cassation a aussi décidé que « la sanction « donnée à un pareil engagement ne saurait être con- « sidérée comme consacrant soit une recherche de « la paternité défendue par la loi, soit une obligation « sans cause, soit une donation faite sans l'obser- « vation des formalités requises par la loi[2]. » Toutefois, beaucoup de dissidents protestent avec énergie; il en est ainsi de M. Valette, sur Proudhon, t. II, p. 178, et de M. Demolombe, t. V, n° 426; il en est encore de même de la Cour de Douai et de la Cour d'Aix[3]. Il faut le dire : cette rigide doctrine a pour elle le motif au moins apparent d'un texte légal absolu, et l'on peut se demander si cette inflexibilité, quelle qu'en soit la dureté, ne doit pas être obéie «jusqu'à « ce qu'il plaise au législateur d'en disposer autre-

---

[1] Paris, 24 novembre 1860; S. V., 1861. 11. 7.

[2] Cass., 27 mai 1862 (D. P., 1862. 1. 208), et 15 janvier 1873, le *Droit*, n° du 9 février.

[3] Douai, 3 décembre 1853 (D. P., 1855. 2. 132); Aix, 14 juillet 1853 (D. P., 1855. 2. 132).

« ment` », suivant l'expression d'un vieux commentateur.

Il plaira bientôt au législateur, n'en doutons pas, de concilier sur ce point les considérations humanitaires et la prudente interdiction relative à la recherche de la paternité. Couvrir d'un voile impénétrable la paternité naturelle et ses conséquences juridiques, telles que la collation du nom patronymique, la vocation héréditaire, la puissance paternelle, etc., est une impérieuse nécessité. Mais entre la recherche de ce problème, le plus insoluble au double point de vue du droit et de la physiologie, et puis la sanction d'une obligation de faire librement consentie, il y a un monde. Un amendement qui disposerait que « *l'engagement librement pris, même* « *sous signature privée, par un individu, de subvenir* « *aux besoins alimentaires d'une fille-mère ou d'un* « *enfant illégitime, est valable* », serait considéré par tous comme une mesure de justice et de moralité.

J'aurais épuisé ce titre, si je n'avais le devoir de m'arrêter un instant à la disposition suivante, c'est-à-dire à l'article 341, dont il a été question à la page 28.

La rédaction en est si étrange qu'il est impossible de l'appliquer à la lettre. Comment envisager une preuve par écrit de l'identité de fait d'un individu... à moins que quelqu'un de ses membres n'ait été marqué au fer rouge? « Un écrit, en quelques termes « qu'il soit d'ailleurs conçu, ne saurait par lui-

« même prouver, même imparfaitement, son appli-
« cation à la personne qui le produit[1]. » De cette
ambiguïté sont nées des dissertations inépuisables,
sur le point de savoir dans quel ordre doivent être
prouvés les deux faits de l'accouchement et de
l'identité, de quelle manière cette démonstration
doit s'effectuer, quel est le caractère du commencement de preuve par écrit[2]. Il y a là tout d'abord
un vice évident de rédaction; un texte remanié ne
manquerait pas de préciser l'ordre des démonstra-
tions, d'appliquer la nécessité de la preuve écrite au
fait seul de l'accouchement, c'est-à-dire, au fait
étrange et déshonorant de la maternité naturelle.

Mais j'adresse un second reproche à cette disposition, et je ne suis pas le seul. Est-il, en effet, dans
le cadre social où nous vivons, bien logique, en
cas d'existence d'un acte de naissance mentionnant
le nom de la mère illégitime, d'exiger encore, par
surcroît, une preuve littérale?

C'est pourtant ce que fait textuellement notre
Code civil. Ainsi que je l'ai établi ailleurs[3], il ne
distingue pas, dans l'article 341, le cas où il y a et
celui où il n'y a pas d'acte de naissance, et il subordonne la recherche de la maternité naturelle à la
préexistence d'un commencement de preuve par

---

[1] Morelot, op. cit.
[2] Rolland de Villargues, n° 275. D. P., 1862. 1. 115; D. P.,
1870. 1. 97.
[3] Chapitre des actes de l'état civil, p. 19 et suiv.

4

écrit. Or, l'article 1347 définit le commencement de preuve par écrit, tout acte émané de celui contre lequel la demande est formée, c'est-à-dire, dans le cas actuel, émané de la mère prétendue.

Je sais bien que la Cour de cassation a décidé que l'acte de naissance d'un enfant naturel, désignant la mère de l'enfant, fait preuve de l'accouchement de la mère y désignée, *bien que celle-ci ne l'ait pas signé*[1] ; que la Cour de Paris a aussi jugé que l'acte de naissance d'un enfant naturel, dans lequel la mère est dénommée, mais à la rédaction duquel elle n'a pas assisté, doit néanmoins être considéré comme un commencement de preuve par écrit[2]. Mais je rappelle ici le grand schisme qui s'est élevé à ce sujet dans la science[3], et je soutiens très-respectueusement, mais très-fermement, le Code à la main, que ces deux Cours n'ont pas *jugé*, et qu'elles ont *légiféré*. Dire que l'acte de naissance peut être réputé émaner de la mère, qui n'y a pas comparu, qui ne l'a pas signé, qui l'a ignoré et qui s'élève contre ses mentions, c'est aller à la fois à l'encontre des faits et de la lettre si nette et si claire de l'article 1347. Est-ce à dire que, dans les sphères élevées de la raison, les arrêts de la Cour suprême et de la

[1] Cass , 1853 ; arrêt cité au chapitre ci-dessus.
[2] Paris, 18 mars 1850. (D. P., 1851. 2. 30.)
[3] Arrêts contraires : Lyon, 2 août 1851 (D. P., 1853. 2. 34) ; Metz, 21 juin 1853 (D. P., 1856. 2. 193) ; Pau, 21 juin 1855 (D. P., 1856. 2. 258) ; Caen, 1er mars 1860 (D. P., 1861. 2. 919).

Cour de Paris ne soient pas dans le vrai? Dieu me
garde de le contester, et il est indéniable que l'on
ne saurait logiquement considérer comme un chiffon
sans valeur l'instrument authentique relatant une
maternité illégitime, lorsque le déclarant est un
docteur-médecin, un officier de santé ou une sage-
femme. Le caractère public de ces témoins devrait,
suivant moi, inspirer au législateur une dérogation
à la règle si sage de la prohibition de la simple
preuve verbale. Sans doute, je ne voudrais pas que
la femme ainsi désignée, sans son consentement et
peut-être contre la vérité, fût condamnée sans appel.
Placer les actes de naissance naturelle au même
rang que les actes de naissance légitime serait chose
imprudente et immorale. Mais il serait aisé de tout
concilier, et je crois que la conciliation serait assurée
si l'article 341 était ainsi complété :

« *L'acte de naissance énonciatif du nom de la mère,*
« *désignée par les personnes énumérées dans l'article 56,*
« *pourra, suivant les circonstances, être considéré*
« *comme preuve suffisante de la maternité naturelle,*
« *ou comme un adminicule susceptible d'être com-*
« *plété par une preuve orale ou par des présomptions.*
« *Elle pourra toujours être combattue par la preuve*
« *contraire.* »

VI

TITRE DIXIÈME.

DE LA MINORITÉ.

Ce titre du Code civil présente une lacune regrettable, et que je souhaiterais de mettre en lumière.

La plupart des Codes étrangers [1] ont entouré
la fortune mobilière des mineurs des garanties les
plus sérieuses. Dans le nord de l'Europe, c'est-à-
dire, dans une notable partie de l'Allemagne [2], en
Danemark [3], en Norvége [4], en Prusse [5], en Russie [6],

---

[1] Anthoine de Saint-Joseph, *Concordance entre les Codes civils
étrangers et le Code Napoléon.*

[2] « Article 162. Dans toutes les affaires importantes, le tuteur
doit obtenir l'autorisation du tribunal pour intenter un procès,
accepter une succession, *placer des capitaux.* » (Droit commun
alleman 1.)

[3] « Article 145. Les capitaux des mineurs doivent être garantis
par des hypothèques en première ligne, ou placés sur les deux
tiers d'une valeur immobilière, et après la ratification du magistrat supérieur. » (Danemark.)

[4] « Article 85. La tutelle supérieure. composée, dans les villes,
des bourgeois, et, dans les autres lieux, du juge de première instance, est chargée de placer à intérêts l'argent comptant appartenant aux pupilles, et de réaliser leur fortune, à l'exception des
immeubles. » (Norvége.)

[5] « Articles 454 à 500. L'argent comptant doit être déposé à la
caisse du tribunal, jusqu'à ce que le tuteur trouve occasion de le
placer d'une manière utile. S'il y a des créances non garanties
par une hypothèque, le tuteur provoquera le remboursement. Le
tribunal et le tuteur sont responsables des fautes les plus légères
commises dans le placement de l'argent. » (Prusse.)

« Article 254. On conserve les biens meubles, tels que dettes

la magistrature locale est chargée de pourvoir au placement des capitaux pupillaires. Il en est de même au centre, et même au sud, où l'on voit l'Autriche [1], la Bavière [2] et la Sardaigne [3] édicter des mesures préventives au profit des enfants privés de leurs parents ou de l'un d'eux.

C'est vainement que l'on chercherait dans notre Code une disposition similaire. Remplie de sollicitude pour la conservation du moindre des immeubles, du plus humble des sillons appartenant à un mineur, — même au mineur le plus opulent, — notre loi abandonne sans réserve, au tuteur datif comme au tuteur légal, le maniement de toute la fortune mobilière de son pupille, si vaste et si variée qu'elle soit. Une raison historique explique cette regrettable anomalie. Le systématique dédain du législa-

---

et titres de créances, et les effets mobiliers si le mineur est noble ; l'argent comptant est placé sur des immeubles ou à la Banque. Si le mineur n'est pas noble, l'argent est placé sur obligations ou lettres de change, ou dans l'industrie. » (Russie.)

[1] « Article 229. Les pierres précieuses, titres de créance, etc., seront conservés par le tribunal lors de l'entrée en tutelle. Il sera remis au tuteur un inventaire des bijoux, matières précieuses, et les copies des titres qui peuvent lui être nécessaires. » (Autriche.)

[2] « Article 12. Si le tuteur n'est pas noble, il doit être autorisé par le tribunal pour placer l'argent. » (Bavière.)

[3] « Article 336. Les rentes sur l'État ne peuvent être transférées ou vendues sans l'autorisation du conseil de famille. S'il y a dans les biens du mineur des cédules au porteur, le tuteur sera tenu de les convertir en une inscription ou cédule nominative. Le conseil de famille fixera le terme dans lequel l'inscription devra avoir lieu, à moins qu'il ne juge à propos de dispenser le tuteur de cette obligation. » (Sardaigne.)

teur de 1804 pour les biens meubles tient à ce qu'à cette époque cette portion de la richesse publique constituait un infiniment petit. « Nos Codes », a dit un éminent écrivain [1], « par le cours naturel des « choses, se sont trouvés placés entre deux faits « immenses, dont l'un les a précédés, dont l'autre « les a suivis : la révolution sociale et la révolution « économique. Ils ont réglé le premier ; ils n'ont pu « régler le second. »

Le second, c'est-à-dire le développement illimité de cette richesse mobilière, si variable et si capricieuse, ne s'est manifesté que longtemps après le commencement du dix-neuvième siècle. De 1800 à 1815, il n'est question que de batailles ; l'industrie, comme l'art, ne peut prendre son essor. Ce n'est que plus tard, ce n'est que tout récemment qu'ont été enfantés par ces gigantesques entreprises issues de la science moderne et du travail accumulé, par ces chemins de fer couvrant l'ancien et le nouveau monde, par ces *placers* pratiqués au flanc des contrées aurifères, par ces immenses établissements de crédit inconnus à nos pères, enfin par les plus féconds éléments de toute la palingénésie industrielle, ces capitaux inépuisables découpés en obligations et en actions que la Bourse vend, achète et négocie tous les jours par centaines [2] ! Il n'est

---

[1] Rossi, *Mémoire à l'Académie des sciences morales et politiques.*

[2] « L'année 1833 est la date initiale de la diffusion de l'instruc-« tion dans le peuple ; c'est également la date initiale de l'explo-

plus rare aujourd'hui de voir, dans les villes, bon nombre d'opulents patrimoines composés exclusivement de ces valeurs au porteur représentées par quelques lambeaux de papier. Si l'un de ces patrimoines vient à échoir à un mineur, sa fortune, qui tient tout entière dans un portefeuille, est livrée, sans contrôle, au tuteur que la loi ou la famille lui impose. Que l'administration de celui-ci dure quelques années, il aura, bien des fois, et le temps et la tentation de spéculer sur ces valeurs abandonnées à sa discrétion, de les transformer, d'en user ou d'en abuser au gré de son humeur d'entreprise, ou de les dissiper sous l'inspiration d'irrésistibles entraînements. Il y a là un danger patent, actuel, et que ne sauraient conjurer les prétendues précautions de la loi.

Parlera-t-on, en effet, de sûretés hypothécaires? Et si le tuteur n'a que des immeubles grevés, ou s'il n'a pas d'immeuble!... Ou bien argüera-t-on des états de situation fournis par le tuteur? — On oublierait, en ce cas, que cette mesure n'est que facultative, et que, d'ailleurs, le père ou la mère chargés de la tutelle légale sont affranchis de cette obligation. Là encore, la garantie légale est chimérique, et la nécessité d'une réforme urgente.

« sion de l'industrie française; depuis lors, notre industrie double « et triple sa force, la richesse s'accroît dans une proportion illi- « mitée. » (Paul Leroy-Beaulieu, *De l'état moral et intellectuel des populations ouvrières.*)

Cette réforme, comment la concevoir, et comment l'assurer? Il en faut demander la réalisation à l'exemple des Codes étrangers. A ce point de vue, l'article 336 du Code de Sardaigne trace une voie très-sûre. Décider que *toutes les valeurs au porteur échues à des mineurs, seront,* avant l'entrée en fonction du tuteur, légal ou autre, *converties, par les soins et sous la responsabilité du juge de paix, en valeurs nominatives,* désormais *assimilées à des immeubles,* constituerait une amélioration notable. — Décider également que les *capitaux pupillaires* disponibles ou remboursés au cours de la tutelle, *seront,* de la même façon, après avis du conseil de famille, *placés en immeubles, rentes sur l'État, ou actions de la Banque de France,* serait une mesure également indispensable.

Peut-être pourrait-on aller plus loin, et augmenter les garanties; il y aurait défaillance à ne pas aller tout de suite jusque-là!

Après avoir parlé des intérêts matériels des mineurs gratifiés d'un héritage, je consacrerai quelques lignes aux intérêts moraux de ceux que la mort de leurs parents a laissés sans ressources. Il est douloureux de penser que la tutelle des enfants indigents n'est pas encore chez nous suffisamment organisée.

Que se passe-t-il dans la pratique? Si un père ou une mère de famille décède, laissant quelque aisance, le juge de paix s'empresse d'apposer les scellés, pour obéir aux injonctions légales [1]. Ces scellés ne peuvent plus être levés que lorsque les mineurs ont été pourvus de tuteur, ou émancipés [2]. Grâce à ces dispositions de la loi, la constitution du conseil de famille, de la tutelle et de la subrogée tutelle ne peut manquer d'arriver. — Mais qu'un malheureux enfant vienne à perdre à la fois ses parents et son gagne-pain, les choses ne vont plus de même. Son dénûment n'appelle plus les mesures conservatoires énumérées ci-dessus. Alors, plus de scellés, plus d'inventaire, et, quelquefois, pas de tutelle! Sans doute, les lois fiscales ont dispensé des frais de timbre et d'enregistrement les avis de parents des mineurs indigents, et les juges de paix, — ces magistrats si dévoués et si peu rétribués, — ne manquent guère de faire profiter leurs justiciables de cette immunité, lorsqu'ils sont informés des décès par les maires de leurs cantons. Quoi qu'il en soit, j'affirme qu'à l'heure présente, malgré cette gratuité, et malgré les prescriptions de la loi civile [3], il y a encore, en France, un certain nombre d'orphelins pauvres privés de tutelle, c'est-à-dire de direction morale, voués, par voie de conséquence, au vagabondage et à la prostitution, et presque fatalement destinés à la maison de correction ou à la prison.

[1] Art. 911 et suiv., Code de procédure.
[2] Art. 911 et suiv., même Code.
[3] Art. 406. « Ce conseil sera convoqué..... soit même d'office « et à la poursuite du juge de paix du domicile du mineur... »

Certes, je rends hommage aux efforts de la charité privée et de l'assistance publique. La charité privée nous montre parfois un collatéral, déjà chargé de famille, recueillant sous son toit de pauvres orphelins. L'assistance publique, généralement bien organisée dans les villes, leur ouvre les portes de l'hospice, à la condition qu'ils n'aient pas accompli leur douzième année [1]. Mais le légiste ne saurait se satisfaire de demi-garanties. Les aumônes privées ont leurs bornes, et la charité officielle est loin d'avoir pénétré dans toutes nos régions rurales. Si les décrets du pouvoir central, les circulaires ministérielles et les délibérations des conseils généraux ont affecté des crédits à l'entretien et à la surveillance des mineurs officiellement assistés, les auteurs de ces documents ne se sont pas assez préoccupés de rechercher les orphelins qui devraient bénéficier de ces avantages, et de lutter ainsi contre l'inertie de certaines administrations municipales.

En ébauchant ce tableau, je ne cède à aucun parti pris de dénigrement ou d'exagération. Je critique les habitudes, je ne fais point le procès aux personnes. Que le lecteur, s'il conteste, s'informe. Que le pouvoir central, s'il doute, ordonne la formation d'une statistique. De cette façon, il connaîtra l'intensité du mal, et il se décidera sans doute à l'enrayer, en ayant recours à des moyens

[1] Décret du 19 janvier 1811, art. 15 et 17.

pratiques, tels que la rédaction plus impérative de l'article 406, l'organisation de bulletins de décès à expédier par les maires aux juges de paix, l'établissement de rapports semestriels à adresser par ces magistrats à leurs chefs hiérarchiques, etc. Il se déterminera enfin à prendre ou à provoquer, dans cette matière si digne d'intérêt, des mesures vraiment salutaires.

VII

DE L'INTERDICTION. — LOI DU 30 JUIN 1838 SUR LES ALIÉNÉS [1].

Un trait d'union sensible relie ce titre et cette loi. Contre l'un et l'autre, des protestations ont surgi : assez rares à l'endroit du Code, innombrables au sujet de la loi de 1838.

On a reproché à la procédure d'interdiction de préparer une véritable surprise contre le défendeur, en ne l'avertissant qu'après coup de l'instance dirigée contre lui, et en lui laissant ignorer les débuts de la procédure destinée à consommer sa déchéance civile. Il est vrai qu'une sorte d'instruction préalable est confiée, par un jugement sur requête, en dehors de toute assignation, au conseil de famille. Mais

---

[1] La mesure légale de la dation du conseil judiciaire aux prodigues majeurs ou mineurs, combattue par M. Batbie, me paraît aussi humaine que juridique. On pourrait peut-être étendre et multiplier les moyens de publicité, mais la mesure est très-sage en soi, et elle a été défendue éloquemment par M. Duverger, qui clôt ainsi sa discussion dans ses observations sur le mémoire de M. Batbie :

« En résumé, la prodigalité est faiblesse, passion ou système. « Dans les trois cas, elle est funeste au prodigue, à sa famille et à « la société; dans les trois cas, elle appelle protection, et, par « suite, dérogation au droit commun. » (*Études de législation*, p. 104.)

cette manière légale de procéder a pour but d'assurer la pleine et entière liberté d'appréciation des six parents convoqués par le juge de paix. Conviendrait-il, en effet, que la loi prescrivît la comparution du défendeur devant ce conseil, et qu'elle organisât une sorte de débat de la première heure devant cette juridiction toute spéciale? J'y verrais moins d'avantages que de périls; je redouterais surtout de voir bon nombre de parents, influencés ou intimidés par la présence des intéressés, émettre un sentiment contraire à leurs plus intimes impressions. En tout cas, il ne peut s'agir là que d'une correction partielle, non d'une refonte générale du système existant.

La loi sur les aliénés demande un examen plus approfondi. J'avoue que les lacunes de cette loi m'inquiètent comme citoyen et comme magistrat, et je vais dire ici ma pensée tout entière.

Théoriquement, l'œuvre du législateur de 1838 est l'objet des attaques les plus vives. Dans la pratique, elle a été le terrain des plus retentissants procès; séquestrations arbitraires, complaisances criminelles des médecins, malversations ou actes de violence des directeurs, on a tout articulé, et l'on a rendu le législateur comptable, et même coupable de tout. — Je reconnais qu'il y a dans tout cela beaucoup d'exagération. Mais plus je réfléchis, plus je crois que, si la loi dont il s'agit a constitué un réel progrès au point de vue du passé, elle appelle encore

de sérieuses améliorations. Quant au passé, voici le
tableau qu'en traçait un savant spécialiste[1] : « On
« ne sait ce que devenaient autrefois les aliénés;
« il est vraisemblable qu'il en périssait un grand
« nombre. Les plus furieux étaient renfermés dans
« des cachots, les autres, dans des donjons, lorsqu'ils
« n'étaient point brûlés comme sorciers ou comme
« possédés du démon ; les plus tranquilles erraient
« librement, abandonnés à la risée, aux injures ou
« à la vénération ridicule de leurs concitoyens. »

Le régime actuel a heureusement innové en insti-
tuant, par chaque département, un lieu d'asile pour
les aliénés. « Il y a de cette législation à celle qui
précédait, la distance de ce qui est à ce qui n'était
pas[2]. » Mais la liberté individuelle est-elle aujourd'hui
complétement sauvegardée? Le législateur a voulu
la préserver, mais beaucoup pensent, et je suis du
nombre, qu'il l'a laissé compromettre, en autorisant
le premier venu à placer son parent *ou son ami*
dans une maison de fous, sur le certificat du plus
inconnu des médecins[3].

---

[1] Esquirol, *De l'aliénation mentale*, t. II, p. 436. Cf. la lumineuse étude historique de M. Maxime du Camp, *Revue des Deux-
Mondes*, nos des 15 octobre et 1er novembre 1872.

[2] L. Tanon, avocat, *Étude de la loi sur les aliénés*. (*Revue pratique de droit français*, 1er et 15 mai 1868.)

[3] On voit qu'à cet égard je suis loin de l'optimisme de M. Maxime
du Camp, qui, du reste, ne s'occupe que de Paris, et qui commet
une erreur de droit en affirmant, à la page 811, que le président
du tribunal peut ordonner la sortie d'office de l'individu interné
en vertu d'un arrêt préfectoral.

Contre un pareil état de choses, divers correctifs ont été proposés. En Belgique, une portion considérable de l'opinion publique, indignée des abus de la trop célèbre maison de santé d'Évère, réclame la suppression de tous les établissements privés[1]. Si par établissements privés on entend désigner certaines entreprises particulières qui ont surtout le lucre pour objectif, et qui ne connaissent pas d'autre surveillance que celle d'un magistrat y faisant quatre visites par an, on a bien raison. Que se passe-t-il, que peut-il se passer dans ces maisons où l'interné est livré tout entier au plus redoutable arbitraire ? L'intérêt public, dût l'intérêt privé en souffrir, en exige donc l'abolition. Cette radicale mesure devrait-elle également atteindre les asiles hospitaliers où des ordres religieux poursuivent, sans relâche, leur œuvre de renoncement ? Quiconque résoudra la question impartialement reconnaîtra que, depuis longtemps, les congrégations se sont, dans notre civilisation, donné deux rôles, et des plus différents. Quelques-unes, se mêlant sourdement à nos querelles intestines, et rêvant sans doute la théocratie universelle, se laissent dominer par les préjugés de l'esprit de parti. Presque toutes, au contraire, n'ont qu'une préoccupation, qu'un but : la charité. Qu'on les observe dans leurs hospices, au chevet du malade, dans le cabanon de l'aliéné, on ne trouve plus chez

---

[1] Le *Temps*, n° du 10 janvier 1872.

elles que des abnégations, qui ne le cèdent en rien aux dévouements des fonctionnaires placés à la tête d'établissements publics [1]. Il faut donc laisser au libre choix des familles et les établissements publics et les hospices religieux, en exigeant de ceux-ci la présence d'un *directeur responsable*, agréé par le Gouvernement. Sans doute, ni les uns ni les autres ne doivent se passer de surveillance, pas plus que le meilleur gouvernement ne peut se passer de contrôle, mais sacrifier les seconds aux premiers serait une inique puérilité. Ce n'est pas le monopole qui serait ici le salut.

En résumé, le vice capital de la procédure beaucoup trop sommaire d'introduction des citoyens dans les maisons de santé, tient à ce que cette *procédure est unilatérale, sans contradiction, sans contrôle*. Le médecin signataire du certificat, le directeur de l'asile sont du choix exclusif, quelquefois intéressé, de la personne qui provoque, ou plutôt qui, de son autorité privée, décrète l'internement et confisque la liberté d'autrui ... « sans autre forme de procès ».

Eh bien, ce vice capital appelle un énergique remède, et l'antidote indispensable ne peut être que

---

[1] Je dois mes convictions dans ce sens à de fréquentes visites à un asile religieux situé dans les limites de mon arrondissement. Les aliénés y reçoivent des soins intelligents. Il serait à désirer seulement qu'on les occupât plus souvent à des travaux agricoles, qui sont un des plus fructueux procédés de la thérapeutique moderne.

l'intervention de la famille et de la justice [1]. Tout d'abord, *aucun individu ne devrait être placé dans un établissement public ou privé sans l'avis conforme du conseil de famille.* La seconde garantie serait *l'intervention régulière et obligatoire* d'un magistrat, c'est-à-dire, du *président du tribunal* saisi sur requête et procédant à l'interrogatoire approfondi, sauf le cas d'interdiction, de tout individu que l'on se propose d'interner. « Le droit, dans ce pays, disait éloquemment M. Odilon-Barrot en 1838, c'est qu'on ne peut toucher ni à la personne ni à la propriété qu'en vertu d'actes judiciaires, d'actes de juridiction régulière. »

Sous le régime actuel, le sort de l'individu une fois séquestré appartient presque exclusivement au médecin de la maison. Et il est effrayant de penser que l'impéritie ou le crime de ce médecin peut l'y retenir indéfiniment. La loi lui fournit bien deux ressources indiquées aux articles 4 et 29. Mais, en fait, ces deux ressources peuvent facilement lui échapper. Pour qu'il use du droit de s'adresser à la justice, il faut que cet individu souvent illettré sache et ose prendre le grave parti d'une réclamation, qui peut être interceptée. Quant à la visite du procureur de la République et des autres magistrats, mesure excellente, mais trop peu fréquente, il est clair qu'elle ne peut amener la découverte de toutes les er-

---

[1] L. Tanon, *loc. cit.* Rapport de M. Suin au Sénat sur la pétition du docteur Turck, *Moniteur* du 3 juillet 1867.

reurs, et qu'elle ne constitue qu'une investigation accidentelle. Il faut que la surveillance judiciaire couvre *tous les intéressés,* et que la loi prenne l'initiative pour tous ceux qui n'oseraient réclamer. En matière criminelle, l'individu arrêté doit être interrogé dans les vingt-quatre heures. Ne serait-il pas juste d'octroyer la même garantie à celui qu'on renferme, sous prétexte qu'il a perdu la raison? Sans doute il n'y a pas identité entre l'une et l'autre de ces situations, mais dans les deux cas il y a un trouble social, car, dans les deux cas, il y a un citoyen privé de sa liberté.

Ce n'est pas tout : à cette mesure concomitante du placement, il serait nécessaire d'en joindre une subséquente, destinée à assurer la sortie immédiate de tout pensionnaire parvenu à la guérison. S'il ne faut pas de séquestration arbitraire, il ne faut pas davantage de réclusion au delà de la maladie[1]. Le moment précis où l'insensé recouvre cette étincelle tombée d'en haut, qui s'appelle la raison, est toujours délicat à saisir. Pense-t-on qu'un pareil moment n'échappe jamais à l'attention du médecin ordinaire de la maison? Sans doute il serait aussi injuste qu'absurde de marchander le respect et l'admiration à ces disciples des Pinel, dévouant leur science et leur santé au traitement des maladies mentales. Mais aucun d'eux ne prétend au don d'infaillibilité,

---

1 Pour ne rien celer, je dirai que je crois fermement que le second de ces dangers est plus à redouter que le premier.

et quiconque voudra juger humainement les choses humaines, reconnaîtra que le directeur de l'asile, qui rencontre chaque jour, depuis bien des mois, le même malade, et qui se fatigue de ses obsessions insistantes, pourra fort bien ne pas saisir tous les changements survenus dans son état. Il est indispensable de parer à cette éventualité, ne fût-elle que conjecturale, et, certes, le moyen est fort simple. Il suffirait de prescrire une règle d'après laquelle *toute personne séquestrée, réclamant ou non, serait, au moins une fois par trimestre, soumise à l'examen d'une commission de docteurs* désignés par le président du tribunal, et chargés de contrôler, par l'examen individuel de tous les reclus, les appréciations du médecin de l'asile. Cette mesure couronnerait celles indiquées plus haut. Elle aurait le double résultat : d'empêcher des abus qui, en cette matière, sont des crimes; de détruire dans l'esprit public des suspicions qui sont de vrais dangers.

VIII

LIVRE DEUXIÈME.

DES BIENS ET DES DIFFÉRENTES MODIFICATIONS DE LA PROPRIÉTÉ.

TITRE DEUXIÈME.

DE LA PROPRIÉTÉ.

L'importance de ce livre est manifeste. Il contient pourtant sur la *spécification* et sur le droit d'accession, relativement aux choses mobilières, une série d'articles dont l'application est à peu près nulle. Personne ne fera difficulté de reconnaître que l'on pourrait élaguer du Code la plupart de ces dispositions purement spéculatives, pour y substituer quelques mesures propres à assurer la stabilité de la propriété foncière, par un judicieux emploi du cadastre. Aucun reproche dogmatique n'est, sans doute, à adresser aux règles fondamentales. Organisation des manières d'acquérir et de transmettre, définition des démembrements de la propriété, publicité des actes translatifs de droits réels, nos monuments législatifs ont satisfait à toutes les nécessités théoriques. Mais si l'on passe du domaine métaphysique à la réalité pratique des faits, on est sur-

pris du nombre prodigieux de litiges journellement
engagés devant nos tribunaux, entre voisins qui se
disputent, à la lisière de leurs champs, quelques
centiares de terre. Des statistiques officielles enre-
gistrent chaque année plus de deux mille procès de
revendication immobilière [1]. Un très-grand nombre d'entre eux ne sont au fond que des débats sur
la limite d'héritages contigus, que le juge de paix
ne peut trancher économiquement, parce qu'il y a
« contestation sur la propriété ou les titres qui l'éta-
blissent [2] ». Ces misérables chicanes, appelées au
dispendieux honneur de nos divers degrés de juridiction, sont, dans certaines régions, la ruine de la
petite culture. Leur existence et leur nombre n'ont
que trop dépassé les prévisions, et déconcerté les
espérances des rédacteurs du Code civil. « Cette
« situation », disait le tribun Albisson, « devait aussi
« appeler l'attention du législateur sur un autre
« point relatif à la position limitrophe des héritages,
« le bornage, dont la négligence peut produire de
« longs et onéreux procès que la loi doit autant que
« possible étouffer dans leur germe. Elle atteint ce
« but en donnant à tout propriétaire le droit
« d'obliger son voisin au bornage de leurs pro-
« priétés contiguës, et en statuant que ce bornage
« se fera à frais communs [3] ».

[1] *Compte général de l'administration de la justice civile en France pendant les années* 1870, 1869, 1868, etc.
[2] Loi du 25 mai 1838, art. 6, § 2.
[3] Séance du 7 pluviôse an XII.

L'expérience prolongée durant soixante-dix ans de cet instrument légal en a démontré l'inanité. La mise en usage du bornage volontaire est fort rare dans la pratique. On ne le voit tenter que par accident, sous une forme en quelque sorte *répressive*, et pour remédier après coup à des empiétements de terrain anciens et progressifs. Qu'advient-il alors? Le plus souvent les choses ne sont plus entières, les titres déjà vieillis, s'ils existent, n'indiquent qu'une contenance approximative, la physionomie des lieux s'est modifiée, la contestation se complique en fait et en droit, le juge cantonal est obligé de se dessaisir, et le débat monte du tribunal à la Cour d'appel, à travers des incidents dont les frais dépassent de beaucoup la valeur engagée :

> « Les trois quarts de vos biens sont déjà dépensés
> « A faire enfler les sacs l'un sur l'autre entassés. »

Cette situation se concevait au temps des *Plaideurs;* elle n'est pas digne de notre législation, et le temps est venu d'appliquer au mal un remède topique.

Au lieu du bornage individuel et tardif, il faut organiser le bornage *préventif* et général. Le moyen est tout trouvé, c'est le cadastre. Grâce à ce procédé, nous dresserons, quand nous le voudrons, le *livre foncier* de la France; il contiendra deux colonnes : le tableau des contenances, et la liste des propriétaires. Déjà ce précieux appareil fonctionne au point de vue de l'établissement de l'impôt terrier.

Il ne dépend que du législateur d'en gratifier nos institutions civiles. Pour lui donner ce caractère, il suffirait de le rendre contradictoire, en forçant tous les intéressés, c'est-à-dire tous les propriétaires, à y coopérer. Quand votre voisin aura reconnu, en présence du géomètre, l'existence de la ligne divisoire par les points A B C, il aura les mains liées, et vous n'aurez plus à redouter qu'une chose, dont votre devoir est de vous prémunir, la prescription trentenaire !

Cette conception utilitaire, j'allais dire philanthropique, appartenait au regretté président Bonjean. Elle avait été de sa part, il y a quelques années, l'objet d'un remarquable discours au Sénat[1]. Après avoir signalé les frais énormes des procès de cette sorte, l'orateur ajoutait :

« Rien de plus difficile en certaines contrées que « de défendre sa propriété contre l'envahissement « des voisins. Ce ne sont pas des usurpations bru- « tales vous mettant en garde par leur énormité « même; c'est un envahissement lent, progressif, « savamment calculé. A chaque labour, rien que « par une certaine manière de disposer la charrue, « et de rejeter la terre, comme ils disent, on avance « de quelques centimètres, *incrementum latens,* sorte « d'alluvion insensible. Mais si peu que cela pa- « raisse, votre champ diminue peu à peu, comme la

---

[1] *Monographie.* Chez Lahure, imprimeur à Paris, rue de Fleurus; année 1866.

« *peau de chagrin* dans la main de son fantastique
« propriétaire. Je pourrais citer l'exemple d'un de
« mes anciens collègues au Conseil d'État qui, ayant
« négligé pendant quelques années de visiter une
« pièce de terre dont il avait hérité aux environs de
« Paris, n'en trouva plus de trace : elle s'était in-
« sensiblement fondue dans les pièces voisines. »

Abordant la question des voies et moyens, le magistrat ajoutait encore :

« Au bornage individuel d'un caractère pure-
« ment privé, à repères variables et périssables, il
« faut substituer le bornage collectif, avec un carac-
« tère public, à repères invariables et impérissables,
« et la révision du cadastre en fournira l'occasion
« et les moyens... Divers systèmes ont été suivis
« dans les pays étrangers, et, pour n'en citer que
« deux exemples, à Genève, la loi a rendu la déli-
« mitation obligatoire pour tous les propriétaires ;
« dans le canton de Vaud, on s'est borné à inviter
« les propriétaires, et, chose remarqnable, et qui
« fait honneur au bon sens et à l'honnêteté suisses,
« l'invitation a été tout aussi efficace que l'obli-
« gation.

« Pour ne point compliquer, supposons la simple
« invitation, comme dans le projet de loi de 1846,
« qui avait reçu l'approbation des conseils géné-
« raux, et que la révolution de Février arrêta en
« chemin.

« Les propriétaires seraient avertis que le géo-

« mètre du cadastre se rendra, tel jour, dans telle
« section de la commune, et invités à venir devant
« lui reconnaître leurs limites. — L'expérience a
« prouvé que la grande majorité des propriétaires,
« ceux qui se sentent les mains nettes du bien d'au-
« trui, se rendraient avec empressement à cette
« invitation, surtout si une administration pré-
« voyante avait à l'avance éclairé l'esprit des habi-
« tants; les *voleurs de terre* seuls pourraient voir de
« mauvais œil une opération si bienfaisante. L'ex-
« périence a prouvé aussi que, pour le plus grand
« nombre des parcelles, la reconnaissance des
« limites ne ferait naître aucune difficulté, parce que
« l'amour-propre et les autres mauvaises passions
« ne seraient point engagés comme ils le sont dans
« les bornages individuels. — Le géomètre, assisté
« des autorités municipales, recevrait les déclara-
« tions, en dresserait procès-verbal, signé des par-
« ties, et rattacherait aussitôt les limites aux repères
« invariables que fournirait le réseau trigonomé-
« trique.

« Quant à ceux qui refuseraient d'obtempérer à
« l'invitation, et ils seraient peu nombreux, les
« limites seraient provisoirement fixées par le géo-
« mètre, et un délai imparti aux récalcitrants pour
« réclamer en justice; ce délai expiré sans réclama-
« tion, les limites provisoires deviendraient défi-
« nitives. »

Ni le Sénat ni le gouvernement d'alors ne donnèrent suite à l'excellente inspiration de M. Bonjean. Mais c'est le sort des plus fécondes pensées de demeurer longtemps en germe avant de porter fruit. Je ne puis me résoudre à croire que cette excellente conception soit condamnée à une éternelle stérilité.

De la propriété foncière à la propriété intellectuelle, la transition est tout indiquée. Sur ce grave sujet, je me bornerai à exprimer ma conviction, et à formuler un vœu.

Ma conviction : il n'est pas, à mes yeux, de droit plus sacré que la propriété intellectuelle, parce qu'elle protége les conceptions du génie ; il n'y en a pas de plus légitime, parce qu'elle a sa source dans le travail. Un vœu : les nombreux monuments législatifs, concernant la propriété littéraire, artistique et industrielle, devraient être introduits et résumés dans notre Code civil. Aujourd'hui, il faut aller chercher dans l'arsenal de nos lois les textes épars de 1793, 1810, 1844, 1852, 1866. Cet état de choses est contraire à l'intérêt public et aux habitudes nationales. Le propre des législations codifiées est d'offrir aux ayants droit comme aux jurisconsultes un tableau synoptique des dispositions légales. Il serait aussi utile qu'urgent de condenser, en quelques dispositions additionnelles aux articles 544 et suivants du titre de la Propriété, les statuts spéciaux à la matière. Ce remaniement présenterait un intérêt de forme, et aussi de fond. On

en profiterait pour dire le dernier mot sur ce problème délicat de la propriété intellectuelle. Il n'a
jamais reçu que des solutions provisoires. Ce serait
l'heure de lui assurer une solution définitive.

IX

TITRE QUATRIÈME.

DES SERVITUDES OU SERVICES FONCIERS.

Dans la nomenclature des servitudes, il n'en est pas de plus connue, j'allais dire de plus banale, que celle de la *mitoyenneté*. Les litiges qui y ont trait se réduisent aujourd'hui à quelques expertises, toutes relatives à la valeur ou à l'état du mur mitoyen. Quant aux points de droit, les difficultés sont désormais aplanies par une jurisprudence [1] qui s'est d'autant plus promptement établie que les dispositions de la loi étaient précises.

Néanmoins, le système du Code a été critiqué, et sur le terrain dogmatique et sur le terrain économique, par quelques auteurs, notamment par M. Batbie [2].

« L'article 664 », dit le savant professeur, « permet « à tout propriétaire joignant le mur voisin d'exiger « la mitoyenneté, à la charge seulement de payer « la moitié des frais de construction et de la valeur « de l'emplacement sur lequel le mur est construit.

---

[1] Rivière, *Revue doctrinale des variations et des progrès de la jurisprudence de la Cour de cassation*, p. 292 et suiv.
[2] Batbie, *Op. cit.*

« C'est là ce que j'appelle *un cas d'expropriation*
« *pour cause d'utilité privée*...... La mitoyenneté
« donne lieu à tant de difficultés et de procès, *que*
« *l'économie qui en résulte est largement compensée*
« *par l'augmentation des frais de justice.* »

Je n'oserais guère contredire un écrivain de cette
autorité, si je ne m'y sentais encouragé par l'appréciation de M. Demolombe, qui ne s'associe nullement
à la censure de son collègue [1]. — Au fait, cette
censure me semble injuste.

Juridiquement, le droit de mitoyenneté n'est pas
plus une expropriation pour cause d'utilité privée
que toutes les autres servitudes légales. L'obligation
imposée à tout propriétaire de recevoir les eaux qui
découlent naturellement du fonds supérieur; celle
de n'établir des vues ou des jours qu'à une distance
déterminée, ou bien encore l'obligation de subir le
passage du maître de tout fonds enclavé, ne constituent réellement pas des expropriations; ce sont
des restrictions dérivées de la nature même des
choses, et apportées à l'exercice du droit de propriété. Il en est de même du devoir éventuel inscrit
dans les articles 661 et 663 du Code; y découvrir
une sorte de spoliation, c'est en forcer le caractère
et les termes; il n'y faut voir qu'une charge légale,
qu'une condition inhérente à une catégorie d'héritages, et découlant de l'état de civilisation.

---

[1] *Servitudes*, t. I, n° 343.

Économiquement, le débat aboutit à un calcul de probabilités. Or, est-il admissible que les frais judiciaires, dont se trouve périodiquement grevé, à la suite de quelques procès de mitoyenneté, l'ensemble de la propriété bâtie, dépassent et atteignent l'épargne de main-d'œuvre, et *surtout de terrain,* résultant de la confection d'un mur au lieu de deux, de deux au lieu de quatre?... Cette statistique n'a jamais été établie, mais que l'on y réfléchisse un peu, et l'on se convaincra bien vite que les présomptions les plus rationnelles renversent une pareille affirmation. Sans doute, le dicton populaire est exact, et les conflits entre voisins éclatent souvent, quant à la limite des héritages, quant à l'exercice des servitudes, mais il serait injuste de les tous porter au débit de la mitoyenneté.

La vérité est qu'aujourd'hui, bien plus qu'à l'époque de la promulgation du Code, les propriétés urbaines s'édifient et se multiplient de toutes parts; que, dans les villes, les terrains propres à la construction acquièrent une valeur inouïe; que, sans prendre pour type Paris, où le mètre superficiel est quelquefois payé plus de mille francs, on voit, dans maintes cités de province [1], une pareille surface

---

[1] Les dernières expropriations et aliénations volontaires ont fait ressortir la valeur vénale des terrains à bâtir sis au centre de nos grandes villes aux prix suivants par mètre carré :

Paris, 2,000 francs; Marseille, 1,400 francs; Lyon, 600 francs; Bordeaux, 500 francs; Alger, 450 francs; Rennes, 150 francs; Limoges, 140 francs, etc.

atteindre et dépasser le prix de cent francs; que la valeur de la main-d'œuvre a suivi une marche également ascendante; qu'il n'y a peut-être pas un procès pour mille murs qui se construisent, l'usage s'introduisant de plus en plus de régler ce genre de difficultés par l'intermédiaire des architectes des intéressés; que par conséquent, le régime dont il s'agit est une incontestable source d'accroissement pour la richesse publique.

Ce n'est pas seulement en France que cet état de choses existe. On le trouve chez nos voisins, les Belges et les Italiens; on le rencontre aussi chez les Suisses du canton de Vaud et chez les Polonais de la Pologne russe. Il a été également adopté au Brésil, en Bolivie, à Haïti, enfin dans la Louisiane. Chacun de ces pays conserve ce système, dont les avantages dépassent de beaucoup les inconvénients; il est à souhaiter que le nôtre fasse de même.

Pour épuiser ce sujet, j'ajouterai, du reste, que si le régime du Code me paraît très-sage en principe, il présente certaines défectuosités de détail, au sujet desquelles quelques corrections seraient les bienvenues. Il en est ainsi du droit pour tout propriétaire d'un mur mitoyen, de se dispenser de contribuer aux reconstructions et réparations, en abandonnant le droit de mitoyenneté[1]. Cette faculté ne paraît pas en harmonie avec les autres disposi-

[1] Art. 656.

tions de ce chapitre. Accorder à un copropriétaire
le droit de déserter la copropriété, pour la ressaisir
ensuite s'il lui convient, c'est tomber dans l'arbitraire. La logique condamne une semblable règle,
et si l'on en vient à une révision de ce titre, on
devra la supprimer.

X

LIVRE TROISIÈME.

DES DIFFÉRENTES MANIÈRES DONT ON ACQUIERT LA PROPRIÉTÉ.

———

TITRE PREMIER.

DES SUCCESSIONS.

Un ensemble de vocations héréditaires reposant, pour la plupart, sur la juste et double idée des affections présumées du défunt, et de la conservation des biens dans les familles [1]; la portion des enfants naturels réglée suivant les inspirations de l'humanité et de la morale; une méthodique division des chapitres; enfin une série de dispositions

---

[1] Une certaine école, dont je ne serai jamais le disciple, blâme le système successoral de notre loi, et lui reproche d'étendre à la parenté du douzième degré le bénéfice de la vocation héréditaire. Elle voudrait que l'État, à défaut de parents du quatrième ou du cinquième degré, fît mainmise sur toutes les successions. Cette doctrine est funeste, plus encore par ses tendances que par la thèse même qui la caractérise; elle conduirait tout droit au socialisme, au collectivisme, si l'on veut, et les légistes auxquels est chère la défense des droits sacrés de la famille, la repousseront absolument. A mes yeux, le Code français, en se tenant à une égale distance de la loi *anglaise*, qui appelle à l'hérédité tout parent, quelque éloigné qu'il soit, et de la loi *norvégienne*, qui borne les droits successoraux au sixième degré, s'est inspiré du plus sage et du plus équitable éclectisme.

6

déterminant le fond du droit et la forme de procéder :

Tel est le résumé des cent soixante-quatorze dispositions qui composent ce titre.

Du reste, une inique omission du conjoint survivant dans la liste des héritiers ; un rappel illogique du vieux système de la *fente successorale ;* une abondante cause de litiges dans le système du *retour légal ;* une autre cause d'embarras liquidatifs dus à celui du *retrait successoral ;* enfin un formalisme outré dans le mécanisme des partages :

Voilà le bilan des critiques qui seront développées dans les cinq paragraphes suivants.

§ 1.

Un homme riche est surpris par la mort, dans la force de l'âge. Il n'avait ni descendants ni ascendants, ni frères ni sœurs, ni oncles ni tantes, ni cousins ni cousines ; il ne se connaissait pas de parents. Depuis nombre d'années, sa femme était toute sa famille. Il meurt, et voilà qu'un parent au douzième degré, inconnu et ignoré, accourt de l'autre bout du monde, pour disputer sa succession à sa veuve, qui, seule, pleure son décès, et qui, seule, a été la compagne de ses joies et de ses peines.

Je le demande : entre l'un et l'autre, est-il possible d'hésiter ?

Notre loi n'hésite pas, en effet. Elle adjuge tout, absolument tout à l'inconnu. Elle refuse tout, absolument tout à la femme légitime. Tant pis pour elle, tant pis pour la mémoire de son mari, si, privée de ressources personnelles, elle meurt de faim!

Certes, il y a presque unanimité dans la science moderne pour condamner cette inique préférence. Qu'on en veuille bien juger par les extraits suivants:

« Quant à la succession de l'époux [1], nous recon-
« naissons que les Codes étrangers ont été mieux
« inspirés, en lui faisant une condition meilleure.
« La position qu'occupent les époux dans la famille,
« les considérations d'équité et de bienséance sont
« méconnues par les dispositions qui n'appellent le
« conjoint survivant qu'à défaut de parents, et par
« préférence à l'État. »

« .... N'est-il pas plus qu'évident [2] que l'affec-
« tion que nous portons à notre conjoint est beau-
« coup plus vive que celle que nous accordons, par
« exemple, à des collatéraux du sixième... ou
« douzième degré? Objectera-t-on qu'en appelant le
« conjoint à un rang trop rapproché, on aurait
« ainsi facilité la transmission des biens d'une
« famille dans une autre? Mais on eût échappé à ce
« danger en appelant l'époux survivant à l'usufruit,

[1] Dalloz, *Répertoire général*, vᵒ Successions, nᶜˢ 44 et suivants.
[2] Mourlon, *Répétitions écrites sur le Code civil*, t. II, p. 79.

« et les parents éloignés à la nue propriété des
« biens. »

« .... La situation que notre Code a faite [1] au
« conjoint survivant, vis-à-vis de la succession
« du conjoint prédécédé, ne nous en paraît pas
« moins regrettable. Elle soulève deux objections
« très-graves suivant nous, et que voici. D'abord,
« est-ce bien moral, est-ce bien juste d'avoir
« relégué le conjoint survivant à la suite de
« toute la parenté simplement naturelle ?... Notre
« seconde objection a pour objet de signaler
« une lacune, à notre avis, encore bien plus
« fâcheuse. Non-seulement, en effet, notre Code
« n'accorde aucune vocation héréditaire au conjoint
« survivant en concours avec un des successeurs
« légitimes ou naturels; mais il ne lui accorde
« même, en aucun cas, le droit de réclamer des
« aliments contre la succession de son conjoint
« prédécédé. »

« .... Ne pas même assurer une pension alimen-
« taire au conjoint survivant, c'est, j'en conviens,
« méconnaître la présomption d'affection, qui est
« la base légitime de la succession *ab intestat,* et

---

[1] Demolombe, *Traité des successions*, t. II, 3ᵉ édit., p. 223 et
suiv. Cf. aussi une excellente dissertation de M. le conseiller
Boileux, *le Droit*, nº du 30 septembre 1868. — G. Boissonnade,
*De la condition juridique de l'époux survivant : améliorations
proposées.* — L. Delsol, *Exposé des motifs du projet de loi ayant
pour objet de modifier l'article* 767. — Ce projet de loi a été pris
en considération par l'Assemblée nationale dans la séance du
21 mars 1873.

« l'obligation de secours qui est la conséquence
« naturelle et civile du mariage [1]. »

A ce point de vue, le passé abondait en
exemples trop dédaignés par les rédacteurs du Code
civil. Dans la législation des Hébreux, le mari
héritait de la femme [2].

En droit romain, la femme *in manu* héritait de
son conjoint. Plus tard, après l'abolition de la
manus, le droit prétorien lui assura une fraction
de la succession maritale [3].

Notre vieux droit coutumier [4] accordait à la veuve
un juste émolument. Le douaire était « ce qui est
« accordé à la femme sur les biens de son mari
« pour ses aliments, pour sa subsistance, en cas
« qu'elle lui survive [5]. »

Presque toutes les législations étrangères sont, à
cet égard, plus généreuses et plus équitables que
la nôtre. La plupart des nations européennes,
notamment l'Angleterre, l'Allemagne, l'Autriche,
l'Italie, octroient au conjoint survivant, au mari ou
à la veuve, un assez large usufruit, même au cas
où le défunt a laissé des descendants.

Ce n'est pas tout. Dans beaucoup d'États, lorsqu'il

[1] Duverger, *Études de législation*, p. 58.
[2] Exode, chap. xx, vers. 12 ; Deutéronome, chap. v, vers. 16.
[3] Cod., *Unde vir et uxor*, Nov. 53, chap. v, et Nov. 117, chap. v.
[4] Coutume de Normandie, art. 374.
[5] Pothier, *Du douaire*, n° 1.

n'existe pas d'enfants de l'union, l'époux survivant, en concours avec des héritiers d'un rang très-favorable, comme les ascendants ou les frères et sœurs, obtient, en pleine propriété, une part dans la succession du conjoint prédécédé.

Cette portion statutaire est du quart dans le droit commun allemand[1], dans le Code sarde[2], et dans le Code autrichien[3].

En Angleterre, elle est pour la veuve de la moitié des biens personnels du mari[4]. Il en est de même dans beaucoup des États-Unis d'Amérique[5], particulièrement en Géorgie, à Vermont et dans l'Illinois.

En Russie[6], la femme légitime succède au septième des immeubles et au quart des meubles du mari, qu'il soit décédé en laissant ou non des enfants. Lorsque après le décès du mari, son père vient à mourir, la veuve lui succède proportionnellement à la part qui reviendrait au mari s'il existait. Le mari succède à la femme d'après les mêmes principes que la femme succède au mari.

Enfin, qui le croirait? dans le pays de l'Islam, de la polygamie et du sérail, en Turquie[7], les

---

[1] Art. 271.
[2] Art. 960.
[3] Art. 758.
[4] Art. 445. « Quant au mari, il a droit à tous les biens personnels de sa femme. »
[5] Art. 84, 95 et suiv.
[6] Art. 967, 968, 970 et 972.
[7] Anthoine de Saint-Joseph, t. IV, p. 435.

ulémas ont assuré et chiffré la part héréditaire du conjoint survivant : un quart pour le mari ; un huitième pour la femme, ou à partager par tête si elles sont plusieurs.

L'infériorité de la loi française s'explique historiquement par une méprise très-réparable. Chacun sait que, dans le Conseil d'État, Maleville revendiqua, dans l'intérêt de l'époux survivant, l'introduction d'une disposition alimentaire. — Treilhard répondit « que par l'article 55 du projet (art. 754 du Code civil), le veuf ou la veuve étaient assurés de l'usufruit du tiers des biens [1] ». C'était là, je le répète, une méprise, puisque cette quote-part usufructuaire était réservée aux ascendants, non à l'époux. Mais personne ne rectifia cette erreur, qui entache, malheureusement, notre système successoral.

En 1851, plusieurs députés, MM. Bac, Bouryat, Durieu, Chauvy, Sage, Ceyras, Dain et Auguste Clément, déposèrent un projet de loi destiné à fixer les droits du conjoint indigent dans l'hérédité de l'époux décédé. Il fut l'objet d'une étude approfondie, rédigée par les soins du rapporteur [2]. La mesure équitable proposée par la commission eût été sans doute adoptée par l'Assemblée législative, si

[1] Fenet, t. XII, p. 35.
[2] M. Victor Lefranc. V. ce rapport dans la *Revue Wolowski*, 1851, t. II.

la représentation nationale, violée par le césarisme, n'avait été arrêtée dans son œuvre.

Aujourd'hui, une nouvelle ère législative s'ouvre devant nous. Une place doit y être réservée à la rectification d'une omission, qu'on doit « réparer sans « crainte d'infirmer le Code civil, mais plutôt par « respect pour ce Code lui-même [1] ».

Il est permis d'hésiter entre le système doctrinal, excessif à mes yeux, d'après lequel on donnerait au conjoint survivant un droit héréditaire égal à celui des ascendants et supérieur à celui des collatéraux [2], et l'amendement de la commission de 1851, en vertu duquel la succession de l'époux « prédécédé « doit des aliments au conjoint survivant qui est « dans le besoin ». J'avoue que pour mon compte j'inclinerais vers ce dernier régime, ou, en tout cas, vers celui qui n'accorderait pas au conjoint un droit de complète et absolue propriété. L'assistance due au conjoint survivant ne doit pas aller jusqu'au renversement du vrai principe de la conservation des biens dans la famille. Elle doit être viagère, et si l'usufruit est suffisant, pourquoi donner la propriété? Mais le doute n'est plus permis sur la question de savoir si l'état de viduité doit légalement correspondre à l'état de détresse. Il y a là un aperçu de convenance et de dignité sociales, sur lequel tout le monde est depuis longtemps d'accord.

[1] **M.** Victor Lefranc.
[2] Batbie, *Op. cit.*

§ 2.

Une seconde observation, relative à l'ordre des successions, trouve ici sa place. On sait que le Code divise en deux parts égales toute succession échue à des ascendants ou collatéraux : l'une pour les parents de la ligne paternelle, l'autre pour ceux de la ligne maternelle[1]. Ne vaudrait-il pas mieux accorder la vocation intégrale au parent le plus rapproché, ainsi qu'on le faisait autrefois dans les pays de droit écrit? Il est certain que cette règle, dite de la fente et de la refente, peut conduire aux plus bizarres conséquences, en appelant parfois à la moitié de l'hérédité un parent éloigné et fort inconnu du *de cujus,* par préférence à un autre parent très-proche en degré, et bien plus cher au défunt! Un pareil état de choses offense l'ordre naturel des affections. Il a surtout le tort de donner naissance à des liquidations compliquées, et de ne pas répondre à cette condition de simplicité qui est toujours un des besoins de l'esprit français, et qui est, le plus souvent aussi, un des traits dominants de notre législation.

§ 3.

C'est encore par défaut de simplicité que pèchent

[1] Article 733.

deux autres articles du même Code, l'article 747 [1]
et l'article 844 [2], sur lesquels je dois m'arrêter
actuellement. Les praticiens seuls pourraient dire
les entraves qu'apporte à l'expédition des affaires
l'application du droit de « *retour légal* », inscrit
dans la première de ces dispositions.

Quels sont les caractères de ce droit?

Peut-il être exercé par le donateur dans la succession des enfants du donataire décédé sans postérité?

L'existence d'un enfant adoptif fait-elle obstacle
au retour légal?

Quid de l'existence d'un enfant naturel?

Les biens donnés par l'ascendant peuvent-ils être
réclamés par celui-ci, lorsqu'après avoir été aliénés
par le donataire, ils sont rentrés dans son patrimoine, par achat, donation ou accession? En cas de
retour, le bénéficiaire est-il obligé de faire compte
aux héritiers des frais d'amélioration, de culture,
de semence?

---

[1] Article 747. « Les ascendants succèdent, à l'exclusion de tous
« autres, aux choses par eux données à leurs enfants ou descen-
« dants décédés sans postérité, lorsque les objets donnés se re-
« trouvent en nature dans la succession. — Si les objets ont été
« aliénés, les ascendants recueillent le prix qui peut en être dû.
« Ils succèdent aussi à l'action en reprise que pouvait avoir le
« donataire. »

[2] Article 844. « Toute personne, même parente du défunt, qui
« n'est pas son successible, et à laquelle un cohéritier avait cédé
« son droit à la succession, peut être écartée du partage, soit par
« tous les cohéritiers, soit par un seul, en lui remboursant le
« prix de la cession. »

Les père et mère d'un enfant naturel légalement reconnu doivent-ils être gratifiés d'un semblable avantage?

Le droit de retour légal peut-il être exercé encore, bien que l'enfant donataire ait disposé des biens donnés, soit par donation entre-vifs, soit par testament?

A tous ces problèmes (et j'en néglige), Hippocrate dit oui, et Galien dit non! Quant à l'intéressé, il ne s'en tire qu'au moyen d'un procès fort long, quelquefois ruineux. Pour ne citer que le dernier, rappelé dans les divers recueils, on trouve la doctrine et la jurisprudence fort divisées. Tandis que la négative est embrassée par Merlin, Grenier, Favard, Delvincourt, Locré, Chabot, Toullier, Malpel, Duranton, Vazeille, Richefort et Zachariæ, par les Cours de Riom, Montpellier, Besançon, Bordeaux et Grenoble, on voit l'affirmative adoptée par d'autres auteurs, tels que Benoît, Magnard et Henry, et au moins dans deux arrêts de la Cour d'Agen[1].

§ 4.

Il faut en dire autant et plus de l'article 841, organique du *retrait successoral*. Ce texte est, depuis que le Code est Code, la pierre d'achoppement de toute liquidation, au seuil de laquelle se rencontre

[1] *Codes annotés* de Sirey, article 747, n° 9.

une cession de droits héréditaires. Que l'on interroge les arrêtistes, et l'on verra le nombre inouï de litiges engendrés par ce trop fameux *retrait successoral*. Pour ma part, je viens de compulser les pages consacrées à la matière, par le plus récent commentateur du Code civil [1] : j'y ai relevé *dix-huit* controverses juridiques sur l'application de ce seul article. Multipliez ce coefficient de controverses de pur droit par le nombre des faits spéciaux à chaque cause, et répondez si ce spectacle n'est pas véritablement effrayant.

Aux grands maux les grands remèdes! Puisque les deux dispositions dont il s'agit forment une si abondante source de difficultés, il faut, d'une main ferme, arrêter le cours de ces innombrables procès, en tarissant la source elle-même, c'est-à-dire en rayant de notre Code ces deux articles. Si leurs prescriptions étaient essentielles, il faudrait bien « vivre avec notre ennemi ». Mais le retour légal, aussi bien que le retrait successoral, est loin de constituer une règle nécessaire. L'un et l'autre appartiennent à la catégorie de ces créations du droit positif que les légistes inventent, et que la pratique se charge d'expérimenter. Aujourd'hui, l'épreuve est décisive, et elle condamne sans rémission ces deux machines de guerre.

C'est une faute et des plus lourdes pour tout légis-

---

[1] Demolombe, *Traité des successions*, édition de 1867.

lateur, comme pour tout gouvernement, de trop vouloir réglementer. Que l'article 747 disparaisse, les parents donateurs, avertis de l'état du droit, stipuleront, s'ils le veulent, le retour conventionnel des biens donnés, en cas de prédécès de l'enfant donateur. Leurs stipulations, accommodées aux nécessités des circonstances actuelles, et appropriées aux éventualités possibles de l'avenir, préciseront l'exercice de cette réserve, et écarteront toutes chances de procès.

L'idée de la suppression du droit de *retour légal* n'a guère eu d'avocat jusqu'à ce jour; il en est différemment de celle du *retrait successoral*. La législation romaine se passa de ce genre de retrait. Ce fut avec beaucoup de difficulté que quelques-uns de nos Parlements l'introduisirent dans la jurisprudence; la résistance fut vive. « C'est un abus », s'écriait un vieil auteur, « et un pur passé-droit! » A travers les siècles, l'énergique protestation du vieux juriste a trouvé un retentissant écho dans les écrits de nos contemporains.

Voici d'abord le sentiment de M. Demolombe [1] :

« Cette thèse, en législation, est, suivant nous, « délicate. On a vu qu'elle était fort débattue dans « notre ancien droit; et elle a été, dans ces « derniers temps, reprise encore et avec beaucoup « de force.

---

[1] *Traité des successions*, édition de 1867, t. IV, p. 10.

En ce qui concerne le premier motif, qui est, disait Bannelier, « le prétexte de découvrir les « secrets d'une famille, il faut avouer qu'il ne « paraît pas péremptoire; car bien des étrangers « ont le droit de se présenter au partage, sans qu'il « y ait moyen de les en écarter : le mandataire, par « exemple, d'un cohéritier; ses créanciers qui ont « la faculté d'y intervenir, et dont l'intervention est « même inévitable, lorsqu'il est en déconfiture ou « en faillite (art. 882).

« Quant au second motif, hélas! on ne voit que « trop souvent les cohéritiers eux-mêmes donner, « entre eux, le spectacle des divisions et des « procès! Et ne peut-on pas répondre, d'ailleurs, « que s'il est intéressant de protéger les cohéritiers « contre les exigences d'un spéculateur, il importe « aussi de respecter le droit de propriété et la « liberté des conventions? Les droits successifs, « après tout, appartiennent à l'héritier comme ses « autres biens; il doit donc avoir la faculté d'en « disposer; et il est évident qu'il ne peut en dis- « poser avantageusement, et qu'il n'en retirera « même toujours qu'un prix inférieur à leur valeur « réelle, dès l'instant où celui qui les acquiert est « exposé à se voir enlever son marché; ne doit-on « pas craindre de mettre ainsi le cohéritier *faible*, « comme disaient nos anciens, à la merci des cohé- « ritiers *accrédités?* C'est précisément pour prévenir « ce danger que les étrangers ont été admis à la

« licitation! Enfin, quand on songe aux spécula-
« tions de toutes sortes par lesquelles les parties
« cherchent à se soustraire à l'exercice du retrait
« successoral, et par suite à toutes les difficultés
« que ce retrait soulève, et qu'atteste le grand
« nombre de décisions judiciaires dont nos recueils
« de jurisprudence sont remplis, il est permis de se
« demander si les avantages qu'il peut procurer
« compensent les inconvénients qui en résultent, *et*
« *si nous n'avons pas, tout compte fait, plus de procès*
« *avec le retrait successoral que nous n'en aurions eu*
« *sans lui!* »

Il faut aussi citer le passage suivant de la *Révision
du Code Napoléon :*

« En voulant couper court à la spéculation du
« cessionnaire, on favorise le calcul odieux du
« retrayant. Je dis *odieux*, parce que, sans affronter
« aucune chance, il fait une bonne affaire à coup
« sûr, et enlève l'avantage à celui qui avait couru
« des risques. Le motif invoqué pour défendre l'ar-
« ticle 844 se tire de ce qu'il est bon de fermer aux
« étrangers les secrets de la famille. Si l'intérêt est
« assez grand pour garder le secret, pourquoi le
« retrayant ne serait-il pas tenu de rembourser la
« valeur intégrale, au lieu de donner seulement les
« déboursés? L'expérience a prouvé que le retrait
« n'a été exercé que dans les cas où il y avait béné-
« fice pour l'héritier qui l'exerce; quant au secret
« de la liquidation, il est presque sans exemple que

« des sacrifices aient été faits pour le garder. Ce
« secret peut d'ailleurs être forcé par les créanciers
« qui ont le droit d'intervenir au partage. Pourquoi
« exclure le cessionnaire alors que les créanciers
« sont admis ? Pourquoi considérer le cessionnaire
« de droits successifs comme un spéculateur avide
« qu'on peut frapper sans ménagement, comme
« s'il était en dehors du droit ? Ce cessionnaire peut
« rendre de grands services. Voilà un successible
« qui est appelé au loin par ses affaires, qui est
« pressé de réaliser son avoir, qui ne peut pas
« attendre la fin de la liquidation et des opérations
« du partage ; il trouve un cessionnaire qui lui
« donne de l'argent comptant, et prend à sa charge
« les résultats de cette liquidation. Ce cessionnaire
« ne rend-il pas un service, et son acte présente-t-il
« les caractères d'une opération déloyale ? La
« cession est utile et morale ; elle intervient entre
« parties majeures et capables de disposer de leurs
« droits ; il n'y a donc pas de raison décisive pour
« résoudre le contrat librement souscrit [1] !... »

[1] Voyez en ce sens l'intéressant article de M. Albert Desjardins,
professeur à la Faculté de Paris et député à l'Assemblée nationale.
(*Revue pratique*, t. XXX, nᵒˢ 11 et 12.) — Cf. Aubry et Rau,
p. 328 et note 13 ; Toullier, nᵒ 436 ; Accolas, *Manuel de droit civil*, t. II, p. 266 et 272 ; Huc, *Le Code civil italien et le Code
Napoléon*, 2ᵉ édit. t. I, p. 232.

§ 5.

« Un trop rigoureux formalisme en matière de « partage », tel est le dernier grief indiqué plus haut. Ce grief s'adresse à l'article 826, en vertu duquel chaque cohéritier a le droit de demander sa part en nature des meubles et des immeubles héréditaires. Le besoin d'une égalité absolue, poussée jusqu'à la minutie, a inspiré aux rédacteurs de notre Code cette disposition, devenue aussi rigoureuse qu'une abstraction mathématique. Besoin engendré, du reste, par le spectacle, alors si récent, de ces iniques coutumes, comblant de richesses l'aîné de la famille, et croyant avoir assez fait pour les filles en leur offrant pour dot un chapeau de roses [1] !

Mais le législateur, en s'arrêtant à cette terminologique et naïve distinction des biens en meubles et en immeubles, a-t-il découvert une infaillible garantie d'égalité ? Il faut bien admettre qu'il n'en est pas toujours ainsi ; entre certains meubles, comme entre certains immeubles, les plus profondes disparates existent. Qui voudra, par exemple, assimiler, sous prétexte qu'il s'agit toujours d'im-

---

[1] Coutumes du Maine, d'Anjou et de Touraine (*Rapport au Tribunat* de Chabot (de l'Allier).

Du reste, presque toutes les provinces admettaient le droit d'aînesse. Beaucoup de personnes répètent que ce droit était limité aux familles aristocratiques. Rien de plus inexact : le préciput, en faveur du premier-né mâle, existait pour les roturiers

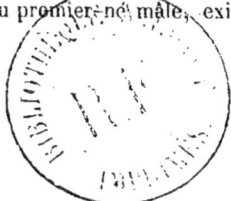

meubles, à l'humble moulin, plus fécond en réparations qu'en revenus, la métairie chèrement louée; ou bien encore à cette même métairie, le domaine, tout de spéculation, de Château-Margaux ou de Clos-Vougeot? Là encore, comme sur maints autres points, les distinctions légales entre les meubles et les immeubles ont cessé d'être économiquement vraies.

Le but de la loi est donc souvent manqué, et son système présente d'ailleurs le fâcheux inconvénient de multiplier les cas de licitation, en interdisant l'attribution du domaine paternel à l'un des lots, et de capitaux à l'autre. Telle est l'objection, grave entre toutes, invoquée par divers publicistes qui revendiquent la suppression de l'article 826. Il est à remarquer que plusieurs, appartenant à des sectes politiques et sociales fort opposées, se rencontrent sur ce terrain[1]. Il est à noter aussi que diverses

---

comme pour les gentilshommes, à l'égard de tous les biens nobles de l'hérédité. (Pothier, *Traité des successions*, ch. II, art. 11, § 1er.) La quotité en était exorbitante. L'aîné prenait à lui seul le manoir, ses dépendances, connues sous le nom de vol du chapon, *et la moitié de tous les biens;* tous les autres enfants, quel qu'en fût le nombre, se partageaient le reste. (V. encore même auteur, même traité.) Je ne suis point le détracteur systématique d'un passé auquel la France doit son unité nationale, mais je ne puis pardonner à l'ancien régime ses injustices successorales. On aura beau disserter, mes sentiments, d'accord avec ma raison, se refusent à admirer d'aussi iniques combinaisons.

[1] F. Le Play, *La réforme sociale en France,* t. I, p. 229; Jules Simon, *La liberté civile,* p. 131, 4e édition; Piel, le *Constitutionnel* des 22, 24 et 25 février 1868; Brolles, *Revue pratique de droit français,* t. XXVII, p. 246.

législations étrangères ont rejeté cette règle, et que la récente codification des lois civiles de la Hollande, postérieure de près de quarante années à la nôtre (1838), admet fort bien la compensation des valeurs successorales. Elle dispose ainsi :

« Article 1122. Si les immeubles ne peuvent « pas se fractionner commodément, *ni être com-* « *pensés dans la formation des lots par des biens* « *meubles d'égale valeur,* il doit être procédé à la « vente publique en présence du subrogé tuteur ou « du curateur subrogé. »

J'incline au sentiment des publicistes français et du législateur hollandais. En cette matière, comme en toute autre, les mots ne sont rien, et le fond des choses est tout. Une rationnelle pondération de toutes les valeurs héréditaires, et le tirage au sort des lots, voilà les conditions nécessaires de tout partage équitable. Le reste n'est que formules vaines et stériles.

7.

XI

TITRE DEUXIÈME.

DES DONATIONS ENTRE-VIFS ET DES TESTAMENTS.

Je traduirai le résultat de mes réflexions sur ce titre important en trois propositions :

Première proposition. — En principe, la liberté de tester est suffisamment assurée par notre loi; toutefois, il serait opportun d'en faire quelques applications plus larges.

Deuxième proposition. — Le chapitre spécial aux donations pèche tantôt par défaut, tantôt par excès de réglementation.

Troisième proposition. — L'insuffisance de certains textes alimente des débats juridiques auxquels il est urgent de mettre fin.

Première proposition (liberté de tester). Sous ce premier aspect, la comparaison des législations passées avec la nôtre met en lumière la supériorité de celle-ci.

A Athènes, la volonté testamentaire rencontre des occasions d'échec et dans la loi et dans les mœurs. La loi refuse au père la faculté de disposer d'un sillon ou d'une drachme. Entre le fils qui souille son nom dans les orgies, et celui qui l'illustre

dans les nobles luttes du Pnyx, le législateur grec
ne tolère aucune distinction successorale. Tous
deux, quoi qu'ordonne le chef de famille, auront
des droits égaux à son héritage. C'est la loi qui
seule en règle la distribution. Le monument littéral
de cette règle tyrannique ne nous est pas parvenu.
Mais on en trouve le reflet dans les discours des
orateurs contemporains, notamment dans l'un de
ces fragments des plaidoyers d'Isée, récemment
analysés par un savant helléniste[1] : « Quand on a
« des fils légitimes ou naturels, on ne donne point
« par testament à l'un d'eux telle ou telle chose par-
« ticulière, parce que c'est la loi elle-même qui
« remet au fils la fortune du père, *et qu'elle ne*
« *permet même pas à ceux qui ont des enfants légi-*
« *times ou naturels de prendre des dispositions testa-*
« *mentaires.* »

Pour exercer le droit de tester, il faut n'avoir pas
d'enfants. Encore le testament d'un citoyen d'Athènes décédé sans postérité, bien que consacré par
la loi, ne l'est-il pas toujours par la jurisprudence.
Contre la dernière volonté du défunt, et au profit
de la cupidité de quelque collatéral, tous les moyens
de procédure sont bons, et les plus audacieux sont
souvent les plus sûrs de réussir devant cette inflam-
mable juridiction des *Héliastes*, qui brise et lacère,

[1] Georges Perrot, *Revue des Deux-Mondes* du 15 février 1872.
Cf. Fustel de Coulanges, *La cité antique*, p. 89.

au gré de ses passions, le testament le plus réfléchi...... A Rome, par une antithèse trop absolue, le *paterfamilias*, revêtu du terrible droit de vie et de mort sur son fils, est maître souverain de son patrimoine. « *Uti legassit, ita jus esto.* » Tant pis pour ceux qu'il a procréés, s'il les exhérède tous, fût-ce au profit d'un esclave! — Quant aux conditions extérieures, les exigences de la loi romaine sont, au contraire, d'un formalisme rigoureux. Même après la désuétude du testament *calatis comitiis* ou *per æs et libram*, le droit impérial se réfugie encore dans les solennités de l'apposition des cachets, et de la présence des *sept témoins.*

Nos Codes ont rompu ces chaînes. La liberté de disposer, après décès, est largement dévolue à tous, et cela, dans des proportions conformes à la logique et à l'humanité. Si le testateur n'a ni enfant ni ascendant, son droit de tester est illimité. S'il n'a qu'un enfant, il peut donner la moitié de son patrimoine; s'il n'en a que deux, un tiers; enfin s'il compte trois, quatre ... dix héritiers, le père de famille se trouve encore en face d'une *quotité disponible* fort appréciable, tandis qu'une équitable *réserve* assure, après sa mort, des aliments à sa famille.

C'est ainsi que nos législateurs ont fait la part du père et la part de la loi. C'est ainsi qu'une transaction, sagement ménagée entre les décrets de Solon et la loi des Douze Tables, entre les injustes bizarreries de nos Coutumes [1] et l'excessif nivellement du droit intermédiaire [2], préside aujourd'hui à la distribution des richesses patrimoniales. Le Code n'intervient que pour arrêter les excès de libéralité du donateur; il limite mais consacre sa volonté. Et cette volonté, il en ratifie l'expression, sans luxe de formes, sans étalage de solennités. Plus de témoins, plus de cachets! Quelques lignes au crayon tracées sur un lambeau de papier assurent la transmission d'un million.....

Cé sont bien là les caractères spiritualistes d'une législation libérale, tels que les définissait M. Troplong, dans la préface du *Traité des donations entrevifs et des testaments* :

« Le testament est entièrement lié au sort de la « vie civile; il est gêné ou contesté, quand la li- « berté civile est mal assise; il est respecté, quand « la liberté civile a, dans la société, la place qui lui « appartient. La propriété étant la légitime conquête

---

[1] La plupart des Coutumes admettaient bien une réserve au profit des descendants, mais elles accordaient, en même temps, aux parents un droit d'exhérédation presque indéfini, au moyen duquel il pouvait laisser toute sa succession à l'un d'eux. V. *infrà*, p. 116.

[2] Articles 12 et 13 de la loi du 5 brumaire an II : « Toutes dis- « positions entre-vifs ou à cause de mort, faites par des pères ou « mères encore vivants, au préjudice de leurs enfants, et en fa- « veur de leurs collatéraux ou d'étrangers, sont nulles et de nul « effet. — Sont pareillement nulles et de nul effet toutes disposi- « tions entre-vifs et à cause de mort, faites par des parents col- « latéraux au préjudice de leurs héritiers présomptifs, en faveur « d'autres collatéraux ou d'étrangers, depuis le 14 juillet 1789. »

« de la liberté de l'homme sur la matière, et le tes-
« tament étant la plus énergique expression de la
« liberté du propriétaire, il s'ensuit que tant est la
« liberté civile dans un État, tant y est le testament.
« L'histoire prouve que toutes les fois que la liberté
« civile est comprimée ou mise en question, la pro-
« priété et, par conséquent, le testament sont
« sacrifiés à de tyranniques combinaisons. »

A la page 324 du tome II, s'expliquant sur la
nécessité d'une légitime au profit des enfants,
M. Troplong écrit encore :

« ..... Lorsque le père de famille laisse des ascen-
« dants ou des enfants, il est une loi naturelle qui
« ne lui permet pas d'épuiser en libéralités arbi-
« traires la totalité de son patrimoine. La raison,
« l'affection, l'intérêt de la famille, élèvent la voix
« pour qu'il assure à ses auteurs et à ses enfants une
« part raisonnable de ses biens. Ce principe d'une
« réserve a été *sagement posé et raisonnablement*
« *organisé par le Code.* »

C'est aussi bien pensé que bien dit, et l'on est
confondu de voir nier d'aussi évidents aphorismes.
Pourtant, des attaques parties de haut, l'une surtout
venant de l'auteur de *la Réforme sociale en France*,
ont été récemment dirigées contre le principe éclec-
tique de nos lois testamentaires. Puisque je rencontre sous ma plume la trace de cette étrange
thèse, conférant au père opulent le droit de condamner capricieusement sa descendance à la misère,

je me sens entraîné malgré moi à une énergique protestation.

Mes convictions en faveur de la réserve héréditaire sont inébranlables. Citoyen, je la considère comme le fondement du monument élevé à l'égalité civile sur les ruines de la féodalité. — Père, elle me semble la traduction légale de mes plus intimes sentiments. — Juriste, je l'affirme comme l'expression nécessaire d'un devoir naturel, comme l'exécution après la mort d'une obligation contractée durant la vie. — Moraliste enfin, je la revendique au nom de l'ordre social, intéressé à accroître, dans l'État, le nombre des possesseurs et à restreindre celui des prolétaires.

A ces décisives considérations, qu'a-t-on pu essayer d'opposer?

Dans l'œuvre considérable du défenseur de la liberté absolue de tester, il y a deux choses : le sentiment et le raisonnement, j'allais dire, le fétichisme et l'argumentation. Fétichisme, quand il avance que les peuples imbus de sa doctrine sont plus pieux que les autres..... comme si la religion de ces Yankees, hier encore esclavagistes, était supérieure à celle des Belges ou des Français, des Russes ou des Allemands [1]. Fétichisme encore, quand

---

[1] M. F. Le Play prête à l'Allemagne une faculté de dispositions testamentaires plus étendue que la nôtre. L'appréciation ne paraît pas exacte, car il est constant que le droit commun allemand institue une réserve, même au profit des frères et des sœurs. (V. Anthoine de Saint-Joseph, 2e édit., t. I, p. 87.)

il écrit que « le testament est un acte d'amour »,
alors qu'il est parfois une œuvre de colère ou de
sénilité.

Au foyer domestique, l'éminent écrivain n'aperçoit que l'omnipotence paternelle. La concorde entre
les enfants, disons le mot, la fraternité n'y trouve
pas sa place. Ce sentiment n'est-il donc pas un des
ressorts indispensables de cette société élémentaire
qui s'appelle la famille? Grâce à Dieu, l'humanité a
d'autres incarnations que Brutus. Elle a des droits
imprescriptibles qu'il y a peu de temps revendi-
quait à la tribune législative un éloquent député [1] :

« Voilà soixante ans », s'écriait-il, « que nous vivons
« sous le système français ; voilà soixante ans qu'au
« sein de la famille on s'est habitué à cette égalité
« dans l'affection, à cette égalité dans la fortune,
« qui sont fécondes et vivantes dans nos dispositions
« législatives ; voilà soixante ans que nos mœurs
« sont façonnées à ces institutions ; qu'elles se sont
« enracinées, que des habitudes ont été prises ; et
« vous croyez que si, tout d'un coup, vous alliez
« changer ces habitudes et ces mœurs, vous croyez
« que vous ne jetteriez pas le désordre dans la fa-
« mille? Vous croyez que vous n'allumeriez pas des
« haines? Vous croyez que vous ne jetteriez pas, là
« où règne la paix, des ferments de discorde? »

Ces sentiments sont ceux de la très-grande majo-

[1] M. Marie; *Moniteur* du 6 avril 1865.

rité des auteurs [1], peu disposés à s'incliner devant la théorie de M. Le Play. Au fait, de sa longue dissertation il ne ressort que deux arguments : l'un utilitaire, l'autre philosophique.

Le premier consiste à soutenir que l'œuvre créée par le père de famille est destinée à périr si la loi ne l'autorise à la léguer tout entière à l'enfant de ses préférences.

A part une réforme partielle indiquée plus bas [2], je repousse l'objection, et je réponds : Une institution se juge à ses résultats, comme l'arbre à ses fruits. Si nos lois ont arrêté le développement des fortunes privées, il n'est que trop facile de le constater. Cherchons donc la solution dans le rapprochement de notre état agronomique, industriel et commercial avec celui qui a précédé la promulgation de nos Codes. Comparons 1789 aux temps actuels ; en un mot, jetons un coup d'œil rapide sur les statistiques.

Les documents les plus sérieux affirment notre

---

[1] Dalloz, vᵒ DISPOSITIONS ENTRE-VIFS ET TESTAMENTAIRES, nᵒ 733 et suiv. ; Toullier, t. V, p. 107 ; Delvincourt, t. I, p. 231 ; Boileux, t. II, sur l'article 931 ; Duranton, 3ᵉ édition, t. VIII, p. 301 ; Troplong, loc. cit. ; Marcadé, sur l'article 913 ; Demolombe, Traité des donations entre-vifs et testamentaires ; Bathie, Op. cit., p. 141 ; Beautemps-Beaupré, De la portion de biens disponible et de la réduction, t. I, p. 99 ; F. Rivet, Op. cit., p. 99 ; De Sismondi, Nouveaux principes d'économie politique, t. I, p. 297 ; Rossi, Op. cit. ; A. Bertauld, La liberté civile, 2ᵉ édit., p. 219 ; Gustave Boissonnade, De la réserve héréditaire (couronné par l'Académie des sciences morales et politiques).

[2] V. infrà, p. 112.

progressive prospérité. Lorsque nous aurons appris,
par exemple, que sous l'influence de notre régime
civil notre agriculture a, depuis le commencement
du siècle, défriché deux millions d'hectares de
landes (superficie égale à celle de cinq à six de nos
départements); que les prairies se sont accrues d'un
million d'hectares et les vignes de cinq cent mille ;
que la surface des prairies artificielles a triplé,
pendant que les produits du bétail doublaient;
qu'enfin *les jachères ont diminué de cinq millions
d'hectares,* ne serons-nous pas obligés de conclure
que notre système légal est aussi fécond que le précédent l'était peu [1] ?

Quant à l'industrie, quant au commerce, les
chiffres sont aussi éloquents [2]. Insister pour démontrer des évidences est vraiment inutile. A quoi bon
rappeler, en effet, que le travail et le négoce natio-

---

[1] *Essai sur l'économie rurale de la France depuis* 1789, par
M. L. de Lavergne.

[2]   INDUSTRIE. — COMMERCE.

Valeur des produits minéraux de la France.
En 1788. . . . .   163,160,000 fr.
— 1850. . . . .   863,000,000 fr.

Valeur des produits végétaux.
En 1788. . . . .   316,500,000 fr.
— 1858. . . . . 1,251,479,000 fr.

Valeur des produits animaux.
En 1788. . . . .   451,800,000 fr.
— 1850. . . . .   924,336,000 fr.

Extrait de l'intéressante *Statistique de l'industrie de la France*
de M. Moreau de Jonnès.

naux, émancipés par Turgot, stimulés par notre
régime successoral, fécondés par la multiplication
et la diffusion des capitaux, ont acquis un mouvement prodigieux, et qu'aujourd'hui l'extension du
commerce est telle que la Banque de France,
fondée, il y a soixante-douze ans, au capital de
trente millions de francs, en possède un actuel de
près de deux cents millions? Mais, encore une fois,
ces éclatantes certitudes sont sous les yeux de
chacun. Sur ce terrain, les faits, mille fois plus
concluants que de théoriques conceptions, réfutent
et condamnent la première objection de la *Réforme
sociale* .

L'argument philosophique développé par l'éminent écrivain, c'est le droit pour le chef de famille
de puiser dans la confection d'un testament le
moyen de récompenser ou de punir.

Prise en soi, la thèse est invulnérable, et personne
ne la veut contester. Oui, la liberté de tester est
une manifestation du droit de propriété! Mais,
pour tout esprit impartial, la liberté de tester
existe dans le Code civil. Elle existe jusqu'à
concurrence des trois quarts du patrimoine en cas
de survivance d'un ascendant. Elle existe pour
celui qui laisse un fils, et qui peut donner à qui bon
lui semble la moitié de sa fortune, traitant également et l'enfant et l'étranger? Elle existe pour le
père de quatre, de dix enfants, maître d'assurer au
légataire de son choix une portion supérieure à celle

de chacun des héritiers du sang. Elle appartient encore au père de famille qui n'a que deux enfants, et qui peut laisser à l'un d'eux les deux tiers de son héritage, la part du second étant réduite au dernier tiers. Dans une semblable disposition, ne trouve-t-il pas le moyen, *presque toujours* suffisant, de récompenser le fils laborieux et de châtier l'ingrat[1] ?

Sans doute la faculté de tester rencontre dans certains cas des limites de quotité qui ne sont et qui ne peuvent être que contingentes. Mais, dans une législation rationnelle, aucun droit n'existe dont l'exercice soit mathématiquement absolu. Je n'en veux pour exemple que cette disposition si connue de nos Codes, en vertu de laquelle la propriété est le droit de jouir et de disposer des choses, « *pourvu qu'on n'en fasse pas un usage prohibé par* « *les lois ou règlements* ». Le principe de l'article 544 n'est que l'application de cette pensée d'un écrivain du dix-huitième siècle : « Chacun est « parfaitement libre de ce qui ne nuit pas à autrui[2]. » Il est encore l'application de l'article 6 d'une de nos plus anciennes constitutions : « La liberté est le « pouvoir qui appartient à l'homme de faire tout « ce qui ne nuit pas aux droits d'autrui. »

Certes, le droit individuel est un droit sacré. Le

[1] V. néanmoins *infrà*, p. 115.
[2] Le marquis d'Argenson.

sacrifier systématiquement, comme l'a fait Rousseau, à la souveraineté collective, est une absurde iniquité. Mais faire fléchir les nécessités de l'ordre public devant une volonté individuelle constituerait un périlleux illogisme. De même que le monde physique vit de forces harmonisées, le monde civilisé ne vit que de concessions. Le conflit entre l'individualisme et le besoin social ne peut donc avoir qu'une issue : la conciliation [1].

Si le pouvoir central, pour cause d'intérêt public, étend la main sur un héritage privé, la loi intervient, et accorde les deux intérêts par l'octroi d'une indemnité à l'exproprié.

De même, un citoyen oublie et viole la maxime éternellement vraie de Loysel : *Celui qui a fait l'enfant doit le nourrir*. Il teste au profit d'un seul enfant, et jette les autres dans l'indigence. Ici, nouveau combat entre le droit de disposition du propriétaire, et le droit de résistance de la cité, fondée à assurer la subsistance des enfants déshérités. Ici encore, nouvelle intervention de la loi, qui résout le conflit en attribuant la grosse part au gratifié, et en réservant une portion alimentaire aux autres enfants. Solution de suprême justice et de souveraine raison que, par une inévitable contradiction, les

---

[1] « Le grand art du législateur consiste à découvrir, non ce « qui est d'une perfection absolue, mais ce qui a les moindres « imperfections. » (M. Valette, *Rapport sur la proposition Ceyras relative à la diminution de la quotité disponible.*)

partisans de l'absolutisme testamentaire sont eux-mêmes entraînés à approuver [1]!

En applaudissant moi-même au sage électisme de nos lois, je n'entends pas m'interdire le droit de critique. Je signale ici deux réformes qui me semblent des plus opportunes, et qui concourraient puissamment à élargir le droit de disposition des pères de famille.

PREMIÈRE RÉFORME. — L'une est revendiquée depuis longtemps par l'opinion publique. Il s'agirait de compléter l'article 1075, relatif au droit de partage de l'ascendant, par une disposition l'autorisant à former les allotissements suivant ses paternelles inspirations, et d'après les aptitudes diverses de ses futurs héritiers. Autoriser le père à équilibrer les lots au moyen d'équivalents; l'affranchir de l'embarrassante obligation d'introduire dans chacun d'eux une somme égale d'immeubles, de meubles, de créances, de capitaux, etc.; tel est aujourd'hui le *desideratum* à peu près universel. Bon nombre d'écrivains ont signalé les échecs infligés à l'intérêt familial et à la prospérité agricole par l'exigence contraire [2]. Je sais que je touche ici à une délicate

---

[1] F. Le Play, *La réforme sociale en France,* 3ᵉ édit., § 21, t. I, p. 262.

[2] F. Le Play, *Op. cit.;* Jules Simon, *Op. cit.;* Arnts, professeur à Bruxelles (note au *Journal du Palais*, t. I, 1853, p. 19); Oger du Rocher, *Discours de rentrée à la Cour de Rennes*, 3 novembre 1869; Riché, conseiller d'État, *Exposé des motifs du projet de loi de* 1867 (*Moniteur* du 30 novembre 1867 et suiv.); le président Réquier, *Traité des partages d'ascendants.* V. aussi *Revue pratique de droit français*, t. XXVI, p. 210.

difficulté de droit. Sans y insister, j'en retiens que depuis quinze ans six arrêts de la Cour suprême [1] ont subordonné la validité des partages d'ascendants à l'accomplissement de cette condition. Je subis ces décisions comme la dernière expression de la jurisprudence, mais je ne saurais les accepter comme la meilleure mesure en législation.

La nécessité de la révision de l'article 826, qui édicte cette condition de l'égalité en nature, au cas de partage judiciaire, a été indiquée au titre précédent [2]. On y a insisté sur l'inconvénient inhérent au système actuel de multiplier les licitations, en interdisant l'attribution du domaine paternel à l'une des loties et des capitaux à l'autre. Ces considérations, par un évident *à fortiori*, s'appliquent à l'hypothèse d'un partage réalisé par l'ascendant lui-même. Dans l'exercice de cette magistrature domestique, ce dernier doit jouir au moins de la latitude de grouper en portions héréditaires les éléments variables du patrimoine, auquel il a renoncé bénévolement. Étrange anomalie : ce père de famille qui peut traiter ses enfants dans les plus inégales proportions, avantageant celui-ci, réduisant la part de

[1] Cass., 28 février 1855 (Dev., 1855.1. 785) ; Cass., 25 février 1856 (Dev., 1856. 1. 307); Cass., 11 août 1856. (Dev., 1856. 1. 781); Cass., 18 août 1859 (*J. du Pal.*, 1860, p. 508); Cass., 6 février 1860 (*J. du Pal.*, 1860, p. 677); Cass., 24 juin 1868 (D. P. 1868. 1. 289). — V. un arrêt contraire d'Agen, 1er juillet 1868.

[2] V. *suprà*, p. 97.

8

celui-là, n'aurait pas le droit de léguer son usine à celui de ses fils qui en partage avec lui la direction, et de réserver à l'autre, destiné à une autre carrière, les valeurs industrielles et le numéraire, même en maintenant entre eux l'équilibre parfait d'une stricte égalité ! Le bon sens proteste contre une semblable règle, et la logique est ici d'accord avec l'intérêt bien entendu de la famille comme avec le principe tutélaire de l'autorité paternelle. Équilibre parfait entre les lotis ; respect de la volonté du père ; conservation mieux assurée des grands établissements commerciaux et agricoles, tels sont les excellents résultats que réaliserait une amélioration très-généralement souhaitée [1].

SECONDE RÉFORME.—La seconde réforme, favorable à la liberté testamentaire, se rapporte au droit d'exhérédation. Notre Code dénie cette faculté aux parents. Quelque légitimes que soient les griefs de ceux-ci contre un de leurs enfants, il ne leur est jamais permis de l'exclure entièrement de leur succession. Ils peuvent réduire sa part ; ils ne peuvent lui enlever sa réserve. Sauf les trois cas limitativement énumérés dans l'article 727 contre : 1° l'enfant condamné pour homicide sur le *de cujus ;* 2° contre celui qui a porté contre le défunt une accusation capitale jugée calomnieuse ; 3° contre l'héritier majeur qui n'a pas dénoncé le meurtre du

---

[1] Cette résolution a été prise en considération par l'Assemblée nationale le 3 juin 1873.

défunt, la loi assure une fraction héréditaire à l'enfant le moins digne.

Certes, je n'oublie pas mon affirmation énergique de la réserve successorale, mais le principe ne doit-il pas fléchir devant des circonstances d'une gravité exceptionnelle ?

Je le crois, et je tâcherai de le démontrer pour deux cas particulièrement notables : celui de l'enfant qui s'est oublié jusqu'à frapper son père et sa mère ; celui de l'enfant qui s'est marié contre la volonté de ceux-ci.

Notre ancienne jurisprudence n'avait pas hésité à reconnaître aux parents la liberté de déshériter leurs enfants pour quatorze causes graves exprimées dans la Novelle 115, chapitre III. En voici l'énumération, dans laquelle figure en première ligne l'attentat qui m'occupe :

1° *Si un enfant a porté la main sur ses père et mère ;*

2° S'il a attenté à leur vie par le poison ou autrement (reproduit par l'art. 727) ;

3° S'il a été leur dénonciateur de quelque crime (reproduit par l'art. 727) ;

4° Si, par ses délations, il les a fait condamner à de grosses amendes ;

5° S'il a commis envers eux quelque injure atroce ;

6° S'il a eu l'habitude charnelle avec sa belle-mère ;

7° S'il a empêché ses père et mère de tester ;

8° S'il n'a voulu être leur caution, étant en état de le faire ;

8.

9° Si un père ou une mère ayant été fait captif par les Algériens, l'enfant a refusé de payer sa rançon ;

10° Si un père ou une mère étant tombé en démence, ses enfants n'ont pas eu soin de lui pendant qu'il était en cet état ;

11° Si un enfant s'est associé à des malfaiteurs, comme s'il a été arrêté avec des voleurs ou des vagabonds ;

12° S'il est gladiateur ou bateleur, à moins que le père ne fût de la même profession ;

13° Si une fille, que ses parents ont voulu marier et doter, a préféré de mener une vie débauchée ;

14° Si l'enfant d'un catholique se faisait hérétique.

Pothier [1], à qui j'emprunte ce résumé de l'état de notre droit au dix-huitième siècle, ajoute qu'il estime, avec plusieurs bons auteurs, « qu'un père et « une mère peuvent encore exhéréder leurs enfants « pour d'autres causes que celles exprimées à la « Novelle 115, lorsque ces causes sont également « graves que celles qui y sont exprimées ».

A peine est-il besoin d'observer que cette extension indéfinie, par conséquent arbitraire, de la faculté absolue d'exhérédation, serait trop souvent funeste. C'est à bon droit que le Code de 1804 l'a écartée, de même qu'il a sagement refusé de faire

---

[1] Pothier, *Traité des successions*, chap. I, art. 4, § 1er, question remière.

revivre, soit comme inapplicables [1], soit comme empreints d'une excessive sévérité [2], certains autres motifs d'exclusion. — Dans la nomenclature coutumière figuraient d'autres faits d'un caractère plus grave, celui d'une injure atroce envers les parents, par exemple. N'y aurait-il pas lieu de faire revivre une règle aussi morale? Beaucoup en seraient tentés.

Eh bien, je n'irais pas encore jusque-là. En cette matière, le législateur ne peut autoriser l'exhérédation totale de l'héritier qu'en face d'actes matériels et caractérisés. Quel serait donc le *criterium* d'une semblable injure? Où est le licite? où est le prohibé?...

Mais nos Coutumes, comme le droit romain, atteignaient une faute bien plus lourde, bien plus répréhensible, celle du fils coupable de violences manuelles sur la personne de son père ou de sa mère. Nos devanciers considéraient le lien de famille comme rompu par une aussi grave offense, et ils faisaient le père et la mère seuls juges du droit d'absoudre ou de déshériter. C'était là de la justice, et nous devons nous demander comment les rédacteurs de nos lois ont été conduits à dédaigner d'aussi décisives considérations. — Par quels impérieux motifs, mûrement pesés, longuement réfléchis et discutés, nos législateurs ont-ils donc brisé cette tradition si morale et si sage? Pourquoi la loi civile, se faisant

[1] V. *suprà*, n° 9.
[2] V. *suprà*, n°ˢ 8 et 12.

plus indulgente que la loi pénale, qui qualifie *crime* le moindre coup, la moindre blessure au père et à la mère [1], s'est-elle ainsi jetée dans la voie des innovations?

Cherchez l'explication dans les documents qui ont précédé le vote des deux titres des *Successions* ou des *Testaments :* vous ne la trouverez pas. Quant aux *Successions*, voici tout ce que contient l'exposé des motifs du conseiller d'État Treilhard [2] :

« Nous n'avons pas jugé convenable d'étendre « davantage les causes d'indignité; il ne faut pas, « sous le prétexte spécieux de remplir la volonté « présumée du défunt, autoriser des inquisitions qui « pourraient être également injustes et odieuses. « C'est par ce motif que nous n'avons pas cru de- « voir admettre quelques causes reçues cependant « dans le droit romain, comme, par exemple, celles « qui seraient fondées sur des habitudes criminelles « entre le défunt et l'héritier, ou sur la disposition « qu'on prétendrait avoir été faite par l'héritier d'un « bien du défunt avant son décès, ou sur l'allégation « que l'héritier aurait empêché le défunt de faire « son testament ou de le changer.

« Ces causes ne présentent pas, comme celles que « nous avons admises, des points fixes sur lesquels « l'indignité serait déclarée; elles portent sur des « faits équivoques, susceptibles d'interprétation,

---

[1] Code pén., art. 312.
[2] Séance du 19 germinal an XI.

« dont la preuve est bien difficile ; l'admission en
« serait par conséquent arbitraire. »

Treilhard avait raison. Dans l'intérêt de la paix
des familles, le législateur doit se montrer d'une
extrême circonspection lorsqu'il dresse la liste des
cas d'indignité.

Mais l'indignité légale — inscrite dans le Code,
n'est pas l'exclusion testamentaire — formulée dans
un acte de dernière volonté. Or les travaux prépa-
ratoires du titre même des *Testaments* n'offrent pas,
à ce sujet, plus d'éclaircissements que ceux relatifs
au titre précédent. L'exposé des motifs de Bigot de
Préameneu est muet. J'emprunte au rapport du tribun Jaubert cette laconique allusion :

« La nouvelle législation n'a pas cru devoir lais-
« ser subsister l'*exhérédation*, la peine est détruite :
« fasse le ciel que l'idée de toute impiété envers la
« nature ne se manifeste jamais ! »

« *La nouvelle législation n'a pas cru devoir laisser*
« *subsister l'exhérédation.* » Sans doute, mais pourquoi ? Les préparateurs du Code résolvent la question par la question. Pas un motif n'est invoqué, et de
cette absence totale d'argument on est forcé d'inférer
que sans examen, sans débat, et par prétérition,
ils ont rompu avec un principe incontesté chez nous
jusqu'à la fin du dix-huitième siècle, et consacré
d'ailleurs par la plupart des législations étrangères.

Plus on y réfléchit, plus on se convainc que les
motifs qui ont inspiré cette règle sont des plus dé-

cisifs. Non, il ne peut dépendre de l'omnipotence
législative d'absoudre, contre la volonté du père
outragé, l'enfant qui a porté une main impie sur ses
auteurs : *Si parentibus suis impias manus intulerit.*
La violation du devoir filial, aussi vieux que le Dé-
calogue, trouve sans doute une sanction dans la justice répressive des hommes, mais elle relève
d'abord, et avant tout, du tribunal de la famille.
C'est au père, c'est à la mère qu'appartient souve-
rainement l'option entre le droit d'exhérédation et
le droit de pardon, et la loi qui se substitue à l'un
d'eux commet une usurpation.

J'ai parlé des législations étrangères. Toutes ou
presque toutes rendent hommage au principe trop
méconnu par la nôtre. La faculté d'exhéréder l'enfant coupable de voie de fait envers ses parents est
édictée par la plupart des codifications du monde
civilisé. On la rencontre en deçà comme au delà de
l'Atlantique, dans les grands comme dans les petits
États : en Italie [1] et en Autriche [2]; dans l'Amérique
du Sud [3] et dans la Louisiane [4]; en Danemark [5], en
Suisse [6], aux îles Ioniennes [7]. L'Espagne ne paraît
pas la connaître, mais son voisin le Portugal l'a de-

---

[1] Deux-Siciles, art. 848. — Code sarde, art. 738.
[2] Art. 768.
[3] Art. 82.
[4] Art. 1613.
[5] Art. 271.
[6] Art. 591, Bâle. — Art. 547, § 2, Berne.
[7] Art. 826.

puis longtemps proclamée, avec diverses autres
causes d'exclusion, dans l'article 500 ainsi conçu :

« Les pères et mères ne peuvent déshériter leurs
« enfants arbitrairement, mais seulement pour les
« causes énoncées par la loi, et qui sont les sui-
« vantes : 1° L'*injure réelle faite par l'enfant à son*
« *ascendant ;* 2° l'injure verbale faite aux mêmes
« dans un lieu public ; 3° l'accusation capitale inten-
« tée par l'enfant contre son ascendant ; 4° *la fami-*
« *liarité avec les sorciers ou l'usage que les enfants*
« *peuvent faire de la sorcellerie ;* 5° l'attentat à la vie
« de son ascendant ; 6° l'inceste commis avec sa
« belle-mère ou la concubine de son père, ou avec
« son beau-père ou le concubinaire de sa mère ;
« 7° la dénonciation à la justice d'un fait de nature
« à compromettre la vie, les biens ou l'honneur de
« l'ascendant ; 8° si l'enfant mâle a refusé de cau-
« tionner son père ou sa mère pour les tirer de prison
« pour dettes ; 9° si l'enfant empêche son ascen-
« dant de faire son testament à son gré ; 10° si l'en-
« fant n'a pas soin de son ascendant devenu vieux ;
« 11° si l'enfant a négligé de racheter son père ou sa
« mère de captivité ; 12° les pères ou mères catholi-
« ques peuvent déshériter leurs enfants hérétiques ;
« 13° si la fille même mineure se fait courtisane ou
« concubine ; 14° si la fille mineure de vingt-cinq
« ans se marie sans le consentement de ses parents
« ou à leur insu. »

Assurément, il n'y a pas à adopter, sans bénéfice

d'inventaire, tous et chacun de ces articles, notamment le quatrième. Notre pays, moins heureux que le Portugal, ne connaît plus les sorciers, et n'a pas de place à leur faire dans la législation. Mais dans cette dernière énumération, je relève encore le paragraphe relatif aux violences contre les parents, et j'en conclus qu'à ce point de vue il serait temps pour nous d'abandonner une voie qui nous éloigne de celle suivie par les autres nations. Il n'est pas possible que nous ayons raison contre tout le monde.

J'ai parlé d'un second cas d'exhérédation : celui d'un fils ou d'une fille qui se marie sans le consentement de ses parents. Le mariage contracté malgré la défense paternelle, n'est pas un fait criminel, comme l'attentat manuel examiné plus haut. Je pense toutefois, avec nos anciens juristes, que ce manquement public à la piété filiale appelle une sanction : la faculté pour les parents de priver de sa portion héréditaire l'enfant dédaigneux de leur volonté. Qu'opposerait, en effet, cet enfant à cette juste sentence ? « Tu as jeté, par ton funeste exem- « ple, le trouble dans l'ordre de ma maison ; tu as « voulu, après réflexion, sortir de la famille, ta vo- « lonté sera accomplie : tu ne fais plus partie de « cette famille répudiée par toi, et tu n'auras point « à intervenir dans la distribution de ma succes- « sion. *Patere legem quem ipse tulerit.* »

Objectera-t-on la liberté matrimoniale ? Je l'ai

déjà dit : la loi civile doit protéger la liberté individuelle, sans toutefois immoler l'utilité sociale,
dont une puissante organisation de la famille est un
des plus énergiques moyens. Notre Code, dans ses
diverses dispositions relatives à la puissance paternelle, à l'usufruit légal, à la distinction entre les
enfants naturels et les enfants légitimes, à l'abolition du divorce, à la vocation héréditaire de parents
d'un degré même fort éloigné, n'y a pas manqué.
Mais, sur le point en question, il présente une lacune que n'offrait pas l'ancien droit. Écoutons
Pothier :

« Nos Ordonnances [1] ont ajouté une autre cause
« d'exhérédation contre les enfants qui se marient
« sans le consentement de leurs père et mère. — Une
« fille qui avant l'âge de vingt-cinq ans, un garçon
« qui avant l'âge de trente ans, se marient sans le
« consentement de leurs père et mère, sont sujets à
« la peine d'exhérédation. Après cet âge, ils peu-
« vent se marier malgré leurs père et mère, pourvu
« qu'ils aient requis leur consentement par des som-
« mations respectueuses faites en présence de no-
« taire, qui leur en donne acte ; faute de quoi, ils
« seraient pareillement sujets à la peine d'exhéréda-
« tion. Voy. l'ordonnance de Henri II, de 1556 ;
« celle de Blois, art. 41 ; la déclaration de 1639. »

---

[1] Pothier, *Op. et loc. cit.* V. aussi Poullain du Parc, *Principes
du droit français suivant les maximes de Bretagne*, t. IV, p. 266.
Comp. Saxe, art. 152, et Portugal, art. 500.

Je suis porté à croire que l'adaptation de ce principe à notre régime moderne serait de raison et d'équité. — J'ajoute, du reste, que l'étude de ces règles ne m'a pas converti à une systématique apologie des temps passés. En ramenant ma pensée vers la longue série de ces causes diverses d'exhérédation, je me répète, malgré moi, que des mœurs auxquelles les Coutumes locales et les Ordonnances royales avaient dû remédier ainsi, ne valaient pas mieux que les nôtres. Puisque les lois positives de l'époque avaient autorisé les parents à priver de leur succession le fils qui avait porté la main sur ses père et mère, ou qui avait attenté à leur vie, ou qui s'était fait leur dénonciateur, ou qui les avait injuriés grièvement, ou qui avait eu l'habitude charnelle avec sa belle-mère, ou qui avait empêché ses père et mère de tester, ou qui avait refusé d'être leur caution, ou qui les avait abandonnés en état de démence, il y avait donc autrefois comme aujourd'hui, peut-être plus qu'aujourd'hui, des enfants meurtriers de leurs parents, criminels jusqu'à l'outrage, ingrats jusqu'à la lâcheté, adultères jusqu'à l'inceste? A cet argument tiré du sujet lui-même, que pourraient répliquer les trop sévères contempteurs du dix-neuvième siècle? Je me le suis souvent demandé, et je crois cette observation de nature à faire réfléchir les esprits impartiaux.

Quoi qu'il en soit, j'ai hâte de résumer ce trop long paragraphe.

Je crois avoir démontré que l'ordonnance de nos lois testamentaires est généralement en harmonie avec notre génie national, comme avec les éternels principes du droit.

Je pense aussi avoir établi l'opportunité de deux modifications, toutes partielles, qui couronneraient l'œuvre législative et étendraient, dans une sphère licite, la liberté de tester.

Voici, ce me semble, la libellé qui correspondrait le plus exactement à cette double pensée :

« Article 1075. Les père et mère et autres ascen-
« dants pourront faire entre leurs enfants et des-
« cendants la distribution et le partage de leurs
« biens.

« § 2 (nouveau). *En y procédant, il leur sera*
« *loisible de composer des loties d'éléments de na-*
« *tures différentes, sous la double sanction de l'ar-*
« *ticle 1079.*

« Article 913. Les libéralités, soit par actes entre-
« vifs, soit par testament, ne pourront pas excéder la
« moitié des biens du disposant, s'il ne laisse à son
« décès qu'un enfant légitime ; le tiers s'il laisse
« deux enfants, le quart s'il en laisse trois ou un
« plus grand nombre.

« § 2 (nouveau). *Il sera toutefois facultatif au*
« *père ou à la mère d'exhéréder absolument ou par-*
« *tiellement :* 1° *l'enfant qui aura subi une condam-*
« *nation conforme à l'article 312 du Code pénal ;*
« 2° *le fils, mineur de trente ans, ou la fille, mineure*

« *de vingt-cinq ans, qui aura contracté mariage sans*
« *le consentement de l'un d'eux.* »

Deuxième proposition. (Omissions et prohibitions
dans le chapitre des donations entre-vifs.)

L'omission la plus sensible est celle relative à la
matière des *dons manuels.* Compulsez les divers articles de notre loi, vous ne rencontrerez aucun texte
consacré à ce genre tout spécial de libéralités, qui
pénètre de plus en plus dans nos mœurs modernes.

Je sais bien que **M.** Jaubert disait dans son rapport au Tribunat : « Les dons manuels ne sont sus-
« ceptibles d'aucune forme ; il n'y a là d'autre règle
« que la tradition. »

Je sais bien aussi que l'ordonnance de 1731 étant
muette à cet égard, Furgole faisait remarquer que
« cette ordonnance réglait la forme de *tous actes*
« portant donation entre-vifs, et que conséquem-
« ment elle n'avait pas voulu abroger les libéralités
« qui n'étaient pas constatées par un acte, d'où il
« suivait que les dons manuels était reconnus va-
« lables par l'ordonnance comme ils l'étaient par
« les coutumes. »

Mais dans les législations codifiées comme la
nôtre, il est toujours regrettable de procéder par
sous-entendus. La voie ouverte au commentaire est
alors indéfinie, par conséquent périlleuse. Que du
fragment de rapport cité plus haut, le juriste, le
magistrat lui-même, conclue à la validation implicite

du don manuel, cela est admissible. Mais, en l'absence de toute disposition littérale, déterminer les caractères du don manuel, dire les choses qui en peuvent être l'objet, affirmer les principes auxquels il est assujetti, ce sont là des problèmes qui dépassent la sphère judiciaire, et qui doivent être réservés au législateur.

Quand sonnera l'heure de la révision, une section complémentaire sera, sans nul doute, consacrée au don manuel. Un pareil vœu n'a rien de spéculatif; l'usage des dons manuels se répand de plus en plus dans la pratique. Le prodigieux mouvement des affaires et l'immense développement de la richesse mobilière s'accommodent à merveille de cette sorte de dispositions, exemptes de formes, et presque aussi rapides que la pensée. Remise par le donateur au gratifié de numéraire, de titres au porteur, de billets de banque, de manuscrits précieux, tels sont les cas que l'expérience quotidienne place chaque jour sous nos yeux. Pour que les contractants sachent ce qu'ils font, à quoi ils s'exposent, quelles sont les conséquences de semblables opérations, il est nécessaire que le législateur apporte une règle fixe là où règnent encore les disputes de l'École et du Palais.

Tout au contraire, c'est vers une excessive réglementation qu'ont penché les rédacteurs du Code civil, lorsqu'ils ont emprisonné dans une série de dispositions prohibitives la liberté de donner.

M. Batbie en indique trois qu'il condamne avec
raison :

L'article qui défend de donner des biens à venir
(943);

Celui qui défend de donner sous des conditions
dont l'exécution dépend de la seule volonté du donateur (944);

Enfin, celui qui annule une clause en vertu de
laquelle le donateur confirme au donataire, à partir
de son décès, la propriété de l'objet dont il s'est
réservé la liberté de disposer durant sa vie (946).
L'écrivain-professeur condamne toutes ces entraves,
contre lesquelles proteste le principe souverain de
la liberté des contrats. C'est à juste titre qu'il fait
observer que ces multiples prohibitions, application
de l'ancienne maxime « *donner et retenir ne vaut* »,
n'avaient leurs racines que dans la différence établie
par le droit coutumier entre la quotité disponible des
testaments et celle des donations. La quotité disponible étant aujourd'hui la même à l'égard de ces
deux sortes de libéralités, il est clair que de pareilles
défenses ont perdu leur raison d'être [1].

Je rappellerai encore deux autres causes de
nullité, également arbitraires, inscrites dans les
articles 965 et 1097 du Code. Le premier interdit
toute clause par laquelle le donateur renoncerait
d'avance à la révocation de la donation pour sur-

---

[1] Cf. Demolombe, *Traité des donations entre-vifs et des testaments*, t. I, n° 26; Duverger, *Études de législation*, p. 58.

venance d'enfants. Le second atteint toute libéralité réciproque, entre époux, faite dans un seul et même acte.

On conçoit parfaitement la présomption en vertu de laquelle la loi révoque toute donation, en cas de survenance d'enfants : présomption basée sur ce que le donateur n'a disposé qu'en raison de ce qu'il n'avait pas d'enfants, et qu'il ne pensait pas qu'il lui en surviendrait. Supposons maintenant que le donateur visant lui-même cette éventualité, déclare, en termes formels, que, même pour cette hypothèse, il veut et entend confirmer sa disposition à titre gratuit; nous ne comprendrons guère plus que le législateur veuille et puisse être plus sage que l'intéressé.

Quant au second (1097), divers commentateurs l'ont justifié par la crainte du danger dans lequel l'indivisibilité des actes placerait les contractants. Mais pourquoi vouloir dépasser les prévisions des parties? Par quelle byzantine subtilité valider ce qui est fait avec la même plume, la même encre, par le même notaire, au même instant, sur deux feuilles de papier, et invalider au contraire les mêmes dispositions, parce qu'elles sont portées à la suite l'une de l'autre, sur un feuillet unique? Pourquoi enfin enserrer le libre exercice du droit de propriété dans des liens indignes de notre législation?

Troisième proposition. (Controverses.) Le titre

9

des testaments et des donations est la terre classique des difficultés juridiques. La faute en est-elle
à l'imperfection de nos lois, qui laisse insolubles
une série de questions, ou bien à l'humaine cupidité,
qui multiplie ses entreprises sur le terrain des libéralités? Ces deux causes sans doute se sont réunies
pour engendrer un nombre considérable de contestations théoriques et pratiques dont je ne puis
faire ici le complet dénombrement. Le cadre de ce
livre n'y suffirait pas. J'ai déjà dit et je répète que
mon but est de démontrer, par voie de citations
prises comme au hasard dans les Recueils, l'existence de controverses très-caractérisées, qu'une
intelligente révision de nos Codes doit faire cesser.

A l'appui de ma thèse, je rappelle ici cinq seulement de ces controverses, qu'une notoriété doctrinale et judiciaire désigne le plus particulièrement à
l'attention.

*A. En cas de contestation, par un héritier non réservataire, de l'écriture et de la signature d'un testament
olographe, laquelle des deux parties, de celle qui invoque le testament olographe, ou bien de celle à laquelle le testament est opposé, doit être chargée du
fardeau de la preuve?*

La Cour de cassation met cette obligation à la
charge de l'héritier; elle dispense de toute preuve
le légataire qui a été envoyé en possession conformément à l'article 1008. Tous ses arrêts ont pour
point d'appui le texte de l'article 1006 du Code

civil, aux termes duquel le légataire universel est saisi de plein droit par la mort du testateur, à la condition seulement de se faire envoyer en possession par le président du tribunal. La Cour suprême infère de ces deux dispositions que le légataire, ainsi pourvu de la saisine, est un défendeur qui n'a rien à démontrer. A ce point de vue, sa thèse est que le testament olographe se trouve investi par la loi d'un caractère et d'une force d'exécution qui lui sont particuliers; qu'en un mot, le testament devient, par l'accomplissement de la condition destinée à en faire présumer la valeur et la sincérité, un titre *sui generis,* dont l'effet est d'opérer en faveur du légataire une saisine que corrobore l'envoi en possession [1].

Ainsi, mon frère décède aujourd'hui à deux cents lieues de mon domicile. Dès demain, un tiers, se gardant bien de m'en aviser, soumet à la description du président un testament qu'il attribue au défunt. Trois jours après, sans que j'en sois davantage informé, il se présente de nouveau, seul et sans contradicteur, devant ce magistrat, et obtient de lui le libellé de l'ordonnance prévue par la loi. Après cela, me voici dépouillé de tout ! Ai-je la volonté de faire tomber ce prétendu testament,

[1] 10 août 1826 (D. P., 1824. 4. 404); 23 janvier 1850 (D. P., 1850. 1. 24); 21 juillet 1852 (D. P., 1852. 1. 200); 23 août 1853 (D. P., 1853. 1. 261); 25 juin 1867 (D. P., 1867. 1. 217). Il est à noter qu'il n'existe encore sur la question aucun arrêt *des Chambres réunies.*

qui peut être l'œuvre d'un faussaire, il faudra que ce soit moi qui attaque; il faudra que je me fasse fort d'établir que cette pièce n'émane pas de mon frère, c'est-à-dire, que j'assume les périlleuses difficultés d'une preuve négative!

Conclusion pratique : si, toutes vérifications épuisées, un doute sur la sincérité de l'acte subsiste, je suis voué à un définitif et onéreux échec, par le motif que je n'ai pas totalement réussi dans la démonstration qui m'incombe.

Si j'avais à émettre mon sentiment sur cette immense question, qui se pose presque chaque jour, je me déclarerais partisan de la doctrine contraire, embrassée par bon nombre de Cours d'appel[1], et professée par des docteurs de premier ordre, tels que MM. Aubry et Rau[2], Duvergier sur Toullier[3], Marcadé[4], et Demolombe[5].

Le savant doyen de Caen se détermine surtout par l'argument que le fait affirmé par l'héritier,

---

[1] Bourges, 4 avril 1827 (D. P., 1827. 2. 194); Montpellier, 19 juin 1827 (D. P., 1828. 2. 247); Caen, 13 novembre 1827 (D. P., 1829. 2. 223); Bourges, 10 mars 1834 (D. P., 1834. 2. 77); Besançon, 23 mars 1842 (D. P., 1842. 2. 263); Caen, 2 juin 1851 (D. P., 1853. 2. 9); Caen, 17 janvier 1853 (D. P., 1853. 2. 409); Douai, 10 mai 1854 (D. P., 1854. 1. 5); Douai, 7 juillet 1866 (D. P., 1867. 1. 217).

[2] T. V, § 669, et note 6, § 504.

[3] T. V, n° 503.

[4] *Revue du droit français*, t. IV, p. 933.

[5] T. IV, n° 148. V. aussi sur la question une intéressante étude de M. Frétel, conseiller à la Cour de Bourges, *Revue pratique de droit français*, t. XXXI, p. 152.

c'est sa qualité de parent, et que ce qu'il a juridiquement à prouver, c'est, par conséquent, sa relation de parenté avec le défunt. « Apparemment, dit-il avec raison, on ne saurait lui imposer l'obligation de prouver la fausseté d'un prétendu testament olographe, qu'il n'a pas vu, dont nul ne lui a signifié l'existence, et dont il serait autorisé à dire même qu'il l'ignore. » Chacun reconnaît qu'avant l'envoi en possession de l'article 1008, le testament olographe est une pièce sous seings privés, dont le bénéficiaire doit prouver la sincérité. Comment alors admettre qu'un acte unilatéral et de juridiction gracieuse comme cette ordonnance, transforme un pareil écrit en un testament authentique? Est-ce que le président tiendrait ce pouvoir de la loi? Est-ce qu'il a reçu du défunt, dont il ne connaissait probablement pas même les habitudes d'écriture, la mission de donner la forme solennelle au soi-disant acte de ses dernières volontés?

Il est de principe que de semblables ordonnances ne valent que sous la réserve des droits des tiers. Assurément, personne n'oserait soutenir qu'elles aient plus de force que des jugements par défaut. Eh bien, de pareils jugements, rendus par des tribunaux assemblés, sont de véritables décisions et pourtant une simple opposition les fait tomber, et replace les parties au même et semblable état qu'elles étaient auparavant.

A la lumineuse dissertation de M. Demolombe,

je voudrais ajouter non un argument, mais une considération Ce serait méconnaître la portée philosophique de l'article 1315 que d'exonérer de toute preuve celui auquel un accident de procédure assigne le rôle de défendeur. Cet article est de fond, non de forme. Le véritable demandeur, celui qui est obligé de prouver, est celui-là seul qui veut innover. Or, dans une lutte engagée entre l'héritier de la loi et le légataire apparent, la volonté d'innover n'est-elle pas chez celui qui prétend déroger à l'ordre légal des successions, et l'obligation de prouver ne doit-elle donc pas peser sur le prétendu légataire?

Mais à l'article 1315 la Cour de cassation oppose l'article 1008. Comment concilier ces deux articles? Comment les combiner avec l'article 199 du Code de procédure civile? La question est pendante depuis soixante-dix ans, et l'impuissance de la jurisprudence à la résoudre est aujourd'hui démontrée.

B. Il n'y a pas au Palais et à l'École de question plus agitée que celle de savoir *si l'enfant donataire qui renonce à la succession peut retenir le don jusqu'à concurrence de la réserve et de la quotité disponible cumulées.*

C'est peut-être celle qui a le plus dicté d'arrêts à la justice, le plus inspiré de dissertations aux docteurs [1]. Les érudits, curieux de ce tournoi

---

[1] Les partisans du non-cumul sont les suivants (V. Dalloz, p. 1864. 1. 6) : Favard, *Répert.*, v° RENONCIATION; Merlin, *Ques-*

scientifique, méditeront le remarquable exposé présenté le 27 novembre 1863 à la Cour de cassation par un magistrat dont la science en droit

tions de droit, vᵒ Réserve; Toullier, t. V, nᵒ 110; Duvergier, sur Toullier, t. III, nᵒ 110; Duranton, t. VII, nᵒˢ 251 et suiv.; Levasseur, *Portion disponible*, nᵒ 46; Belost-Jolimont, sur Chabot, art. 845; Grenier, *Donations et testaments*, 3ᵉ édition, t. II, nᵒ 566 *bis;* Bayle-Mouillard, sur Grenier, *loc. cit.*, note A; Vazeille, *Suc., don. et test.*, sur l'art. 845, nᵒ 4; Marcadé, sur l'art. 845; Rodière, *Revue de législation*, t. II, de 1850, p. 360; Vernet, *Quotité disponible*, p. 381 et suiv.; Beautemps-Beaupré, *Portion de bien disponible*, t. I, nᵒ 229; Coin-Delisle, *L'unité du droit de rétent.*, nᵒˢ 230 et suiv.; Saintespès–Lescot, *Portion disponible*, sur l'art. 913; Mailher de Chassat, *Comm. du Code civil*, t. II, p. 123; Moulin, le *Droit* du 30 mars 1853; Valette, eod. des 17 juin 1845 et 6 septembre 1854; Lagrange, *Revue de droit français et étranger*, t. I, p. 109; Ginouilhac, t. I, p. 443; t. II, p. 277; t. III, p. 409; Pont, *Revue de législation*, t. II, de 1843, p. 435; Boileux, t. III, p. 500; Mourlon, *Répétitions écrites*, t. II, p. 148; Delsol, *Code Napoléon expliqué*, t. II, p. 244; Vavasseur, *Revue pratique*, t. V, p. 68; Rivière, *Variations de la jurisprudence de la Cour de cassation*, nᵒˢ 233 et suiv.; Machelard, *Revue historique de droit français et étranger*, 1862, p. 682, et 1863, p. 245; Nicolas, *Manuel du partage des successions*, nᵒ 106; Mimerel, *Revue critique*, t. V, p. 529; Buquet, sur Pothier, *Donations entre-vifs*, nᵒ 217, note 3; Ducaurroy, Bonnier et Roustaing, *Commentaires théoriques et pratiques du Code civil*, sur les art. 844 et 845; Bloch, *Revue critique*, t. XXII, p. 416; Massé et Verge, sur Zachariæ, t. II, § 402; Dalloz, *Jurisprudence générale*, vᵒ Succession, nᵒ 1030; Demolombe, *Des donations et testaments*, t. II.

La doctrine opposée est défendue par : Delvincourt, t. II, 421 à 429; Duport-Lavilette, vᵒ Donations, nᵒ 293; Malpel, *Supplément au traité des successions*, p. 16; Dufour, *Revue de droit français et étranger*, 1836, p. 491; Toullier, t. III, p. 328, Troplong, *Revue critique*, t. IV, p. 206, et *Donations entre-vifs et testam.*, t. II, nᵒˢ 786 et 793; Gabriel Demante, *Revue critique*, t. II, p. 84, 148, etc.; Garnier, *Répertoire de l'enregistrement*, art. 1276; Bressoles, *Revue critique*, 1860, t. XVII, p. 549; Labbé, *Revue pratique*, t. V, p. 193.

civil égale les lumières en droit criminel [1]. Je n'ai
point la puissance de reproduire ce merveilleux
tableau. La place me reste à peine de résumer les
diverses péripéties de cette célèbre controverse.

Par arrêt du 18 février 1818 [2], la chambre civile
de la Cour suprême se prononçait pour l'opinion
contraire au cumul. Son exemple entraîna presque
toutes les Cours d'appel : celles de Toulouse, Riom,
Bourges, Agen, Grenoble, Poitiers, Orléans, Rouen,
Dijon, Nancy, Amiens, Bastia, Paris, Bordeaux,
Douai [3].

Mais les 11 août 1829 et 24 mars 1834, la Cour
de cassation modifiait sa première jurisprudence,
en décidant que « l'enfant donataire renonçant à la
« succession ne peut retenir le don jusqu'à concur-
« rence de la quotité disponible, mais qu'il doit
« l'imputer d'abord sur sa réserve, et subsidiaire-
« ment sur la quotité disponible. »

C'était une étape dans le sens du cumul, qu'une

---

[1] Rapport de M. Faustin Hélie (D. P., 1864. 1. 8).

[2] D. A., 5. 429.

[3] 17 juin 1821 (D. A., 5. 432); 8 mai 1824 et 26 juin 1824
(D., *Jurisprud. génér.*, v° Dispos. ENTRE-VIFS, 583); 4 mai 1825
(Eod., n° 605); 21 août 1826 (20 juin 1827, Eod., v° SUCCESSION,
n° 1028); 20 juillet 1832 (*Jurisprud. génér.*, Eod.); 7 août 1833
(D. P., 1834. 2. 135); 5 décembre 1842 (D. P., 1845. 4. 398);
10 mars 1845 (D. P., 1845. 2. 95); 20 décembre 1845 (D, P.,
1846. 2. 234); 17 juillet 1849 (D. P., 1850. 2. 208); 7 décembre
1852 (D. P., 1855. 2. 127); 23 janvier 1855 (D. P., 1855. 2.
149); 14 juin 1855 (D. P., 1855. 1. 334), 21 août 1860 (D. P.,
1860. 2, 167); 4 juin 1861 (D. P., 1862. 2. 45).

série d'arrêts[1] affirmèrent avec éclat pendant une
période de quinze années.

Une quatrième évolution s'est produite en 1863.
Par l'arrêt du 27 novembre, au rapport de M. Faustin Hélie, la Cour de cassation a rétracté les doctrines professées par elle de 1829 à 1834 et de
1834 à 1859. Elle a reconnu, dans une décision
émanée des trois sections réunies, l'erreur des
décisions antérieures, et elle est revenue à sa thèse
de 1818. Certes, en songeant à cette solennelle
sentence du 27 novembre 1863, on ne peut s'empêcher d'honorer « ce désintéressement d'amour-
propre avec lequel la Cour est revenue, suivant
l'expression du procureur général Dupin, sur sa
propre jurisprudence. » Je suis du nombre de
ceux qui espèrent qu'une solution si laborieusement
obtenue ne sera plus abandonnée. Mais qui pourrait nous garantir contre un nouveau retour? La
Cour suprême ne saurait prendre elle-même un
semblable engagement. Si un jour les convictions
des éminents magistrats dont elle est composée les
ramenaient à la thèse du droit romain, nous assis-
terions encore à une révolution de jurisprudence;
et cette seule perspective d'instabilité est des plus
pénibles. C'est le lieu de répéter ici la judicieuse

---

[1] Cass., 17 mai 1845 (D. P., 1845. 1. 289); Cass., 21 juillet
1846 (D. P., 1846. 1. 383); Cass., 6 avril 1847 (D. P., 1847. 1.
155); Cass., 21 juin 1848 (D. P., 1850. 1. 386); Cass., 17 juillet 1854 (D. P., 1854. 1. 271); Cass., 13 juillet 1856 (D. P.,
1856. 1. 274); Cass., 25 juillet 1859 (D. P., 1859. 1. 303).

réflexion de l'arrêtiste : « Les lacunes de la législa-
« tion sont surtout regrettables, quand le droit
« antérieur renfermait, en termes formels, la règle
« sur laquelle la loi nouvelle a négligé de s'expli-
« quer, faisant de la sorte succéder le doute à la
« certitude, l'obscurité à la lumière, et la lutte des
« intérêts opposés à l'accord forcé sans doute, mais
« rassurant, de ces intérêts. » (D. P. 1864. 1. 5.)

C. Une directe antinomie existe entre les textes
des deux dispositions suivantes du Code civil :

« 913. Les libéralités soit par actes entre-vifs, soit
« par testaments, ne pourront excéder la moitié des
« biens du disposant, s'il ne laisse à son décès qu'un
« enfant légitime ; le tiers, s'il laisse deux enfants ;
« le quart, s'il en laisse trois ou un plus grand
« nombre. »

« 1094. § 2. Pour le cas où l'époux donateur
« laisserait des enfants ou des descendants, il
« pourra donner à l'autre époux ou un quart en
« propriété et un autre quart en usufruit, ou la
« moitié de tous ses biens en usufruit seulement. »

Voilà deux mesures bien différentes de la portion
disponible : comment donc réussir à les unifier ?
Comment concilier ces deux articles, notamment
dans le cas où une libéralité faite au conjoint a
précédé une autre libéralité faite à un tiers ? Le
second de ces avantages peut-il alors trouver son
aliment dans la différence qui existe entre la quotité
disponible de l'article 1094 et celle de l'article 913 ?

La solution négative est admise par une notable fraction de la jurisprudence et de la doctrine [1].

Le système de l'affirmative est, au contraire, défendu par les Cours du Midi et par de très-savants auteurs [2].

Il suffit de jeter les yeux sur ces deux tableaux, empruntés aux Codes annotés de Sirey, pour voir combien est vive cette permanente dualité de déci-

[1] V. Duranton, t. IX, n° 796 ; Coin-Delisle, n° 16 ; Troplong, *Des donat. entre-vifs et des testam.*, n°s 2599 et suiv. ; Massé et Verge, sur Zachariæ, t. III, § 460, note 12 ; Beautemps-Beaupré, *Portion disponible*, t. I, n°s 55 et suiv. ; Saintespès-Lescot, t. V, n° 1980 ; Bonnet, *Dispos. par contrats de mariage*, t. III, n° 1152 ; Cass., 21 juillet 1843 (D. A., 6. 275) ; Cass., 7 janvier 1824 (D. A., 6. 275) ; Agen, 5 août 1831 (D. P., 1832. 2. 279) ; Limoges, 26 mars 1833 (D. P., 1834. 2. 48) ; Aix, 18 avril 1836 (D. P., 1837. 2. 47) ; Cass., 21 mars 1837 (D. P., 1837. 1. 151) ; Cass., 21 juillet 1839 (D. P., 1839. 1. 289) ; Besançon, 24 février 1840 (D. P., 1840. 2. 148) ; Cass., 24 août 1846 (D. P., 1846. 1. 46) ; Cass., 27 décembre 1848 (D. P., 1849. 1. 37) ; 7 mars 1849 (D. P., 1849. 1. 95) ; Orléans, 28 décembre 1849 (S. V., 1850. 2. 199) ; Aix, 23 mai 1851 (D. P., 1852. 5. 426) ; Agen, 7 janvier 1852 (D. P., 1852. 2. 99) ; Cass., 11 janvier 1853 (D. P., 1853. 1. 47) ; Cass., 2 août 1853 (D. P., 1853. 1. 300) ; Toulouse, 23 novembre 1853 (D. P., 1854. 2. 100).

[2] Pont, *Revue de législation*, t. XVI, p. 215, et t. XIX, p. 264 ; Grenier, n° 584, 3e édition ; Marcadé, article 1110, n° 2 ; Aubry et Rau, d'après Zachariæ, t. V, § 699, p. 613 et 614 ; Colmet de Santerre, continuation de Demante, p. 55, n° 281 *bis ;* Ballot, *Revue de droit français*, t. IV, p. 420 ; Lyon, 10 février 1836 (D. P., 1836. 2. 97) ; Riom, 2 avril 1841 (D. S. V., 1841. 2. 318) ; Toulouse, 28 janvier 1843 (D. P., 1843. 2. 113) ; Grenoble, 15 juillet 1843 (S. V., 1844. 2. 100) ; Toulouse, 13 août 1844 (S. V., 1845. 2. 38) ; Grenoble, 15 juillet 1845 (D. P., 1846. 2. 173) ; Toulouse, 13 février 1846 (D. P., 1846. 2. 173) ; Agen, 14 décembre 1846 (S. V., 1847. 2. 113) ; Agen, 30 juillet 1851 (D. P., 1852. 2. 99) ; Toulouse, 24 juin 1852 (D. P., 1852. 5. 335) ; Riom, 21 mai 1853 (D. P., 1854. 5. 571).

sions, et il suffit aussi de réfléchir quelque peu pour se convaincre combien cette dualité est elle-même dommageable aux intérêts matériels des citoyens, comme elle est dommageable, dans l'esprit public, et au respect de la justice et à l'autorité de la loi.

D. E. Je groupe sous un double numéro les deux dernières controverses dont je me propose l'exposé, parce que toutes deux appartiennent à l'ordre de dispositions gratuites quotidiennement employées dans la pratique, sous le nom de partages d'ascendants.

On sait que notre loi autorise les pères et mères et autres ascendants à faire, entre leurs enfants, tant entre-vifs que par testaments, la distribution de leurs biens. Depuis plus d'un demi-siècle, nos commentateurs épuisent leur érudition à la solution de divers problèmes juridiques qui n'ont pas même été effleurés dans le trop court chapitre consacré par notre Code à cet important sujet [1].

Voici l'énoncé de deux de ces problèmes :

1° *Les biens compris dans un partage d'ascendants entre-vifs doivent-ils être réunis à la masse pour le calcul de la réserve et de la quotité disponible ?* (Art. 922 et 1075.)

Je partage également, entre mes deux fils ma fortune actuelle, qui est de cent mille francs. Chacun

---

[1] Six articles seulement composent le chapitre VII, intitulé : « *Des partages faits par les père et mère ou autres ascendants, entre leurs enfants.* »

d'eux reçoit cinquante mille francs. Dix ans après, je meurs léguant à un tiers une somme de vingt mille francs, que j'ai recueillie dans l'intervalle. Si la réunion fictive a lieu, ladite somme de vingt mille francs échoit sans réduction au légataire. En effet, 100,000 + 20,000 = 120,000 fr.; la quotité disponible étant du tiers (qui serait de 40,000), ne se trouve donc pas dépassée, ni même atteinte. L'intégralité des vingt mille francs va donc au gratifié. Si, au contraire, la réunion fictive n'a pas lieu, le disponible se suppute seulement sur ces derniers vingt mille francs. Les héritiers prélèvent treize mille francs, et le tiers légataire ne perçoit que sept mille francs [1].

2° *La prescription décennale de l'action en lésion de plus du quart contre un partage de cette nature court-elle du jour de l'acte passé, ou seulement du jour du décès de l'ascendant judiciaire?*

Le 1ᵉʳ janvier 1873, je distribue mes biens entre mes deux enfants. L'égalité la plus parfaite existe entre les lots. Je survis trente années à la passation de cet acte, accepté par tous mes descendants. Durant cet intervalle, une circonstance imprévue communique une énorme plus-value à l'une des

---

[1] Sur le premier point, Coin-Delisle, Troplong, Massé et Vergé; les Cours de Dijon, Angers, Bordeaux et Rouen tiennent pour la négative. — L'affirmative est professée par Aubry et Rau, Paul Fabre, Genty, Beautemps-Beaupré, Colmet de Santerre et Demolombe, ainsi que par les Cours de Caen, Douai, Paris, Bourges, Rennes. (V. *Sirey*, sur l'article 922.)

loties. Malgré le temps écoulé, malgré les aménagements ou aliénations consommées, l'enfant investi de l'autre lotie est-il recevable à se prétendre lésé[1] ?

Sans parler du dissentiment profond qui divise les Cours et les auteurs, je rappelle immédiatement que la jurisprudence de la juridiction régulatrice a subi les plus grandes vicissitudes, à l'égard de la première question.

Une décision de la Chambre civile en date du 19 juillet 1836[2] sembla d'abord incliner vers la solution négative de la première question. Moins de dix ans après, le 13 décembre 1843[3], un autre arrêt de la même chambre décidait qu'il y avait lieu au rapport fictif (je préfère le mot réunion au mot rapport), lorsque l'ascendant, dès le principe, et dans l'acte même de partage, a manifesté l'intention de se réserver, sur l'universalité de ses biens, la disposition de la portion dont la loi lui permettait de disposer. Mais, à la date du 4 février 1845[4], cette même chambre civile, rompant avec

---

[1] Sur le second point, Duranton, Rolland de Villargues, Larombière, etc., avec les Cours de Limoges, Toulouse, Grenoble, Nîmes, Orléans, Rennes et Agen, placent le point de départ de la prescription à la date du contrat. — Genty, Saintespès-Lescot, Aubry et Rau, ainsi que les Cours de Nîmes, Bordeaux, Rouen, etc., la font partir seulement du décès. (V. *ibid.*)

Comp. une étude approfondie de la question par M. Derôme, président du tribunal civil de Rennes. — *Revue critique de législation*, t. XXVIII, 1866, p. 97.

[2] D. P., 1836. 1. 299.

[3] D. P., 1844. 1. 35.

[4] D. P., 1845. 1. 49.

le passé, proclamait la thèse que les biens donnés en partage étaient ainsi complétement et à jamais enlevés du patrimoine de l'ascendant, et qu'ils ne pouvaient, par conséquent, ni directement ni indirectement être compris dans la supputation de la quotité disponible.

Ce nouveau mouvement dans la jurisprudence ne devait pas être le dernier. Par des arrêts des 13 février 1860[1], 24 avril 1861, 17 août 1863, la haute Cour a affirmé le système de la réunion fictive des biens compris dans le partage avec les autres biens, pour la détermination de la portion disponible.

Le système de ces décisions repose sur l'argument que « le partage d'ascendant *suppose avant* « *tout une* DONATION qu'une exception, formellement « écrite dans la loi, pourrait seule soustraire à l'application du droit commun. » (Deuxième *attendu* de l'arrêt du 13 février 1860.)

Quant à la seconde question, celle de la lésion, la chambre des requêtes avait d'abord, dans les décisions des 12 juillet 1836 et 4 février 1845[2], décidé que la prescription décennale courait du jour même de l'acte. Mais la chambre civile repoussa cette jurisprudence dès le 30 juin 1847[3], et les arrêts des 18 février 1851, 4 juin 1862, 28 juin et

---

[1] D. P., 1860. 1. 469; D. P., 1861. 1. 277; D. P., 1864. 1. 29.
[2] Dev., 1836. 1. 534 ; Dev., 1845. 1. 305.
[3] Dev., 1847. 1. 181.

29 août 1864, 24 juin 1868 [1], ont reculé le point de départ de l'action et de la prescription à la date du décès du donateur.

La substance doctrinale de ces arrêts est que « le « partage entre-vifs d'ascendants contient deux dis- « positions qui, en se combinant, concourent au « même but, le PARTAGE *anticipé par l'ascendant de la* « *totalité ou partie de sa* SUCCESSION entre ses descen- « dants. (Premier *attendu* de l'arrêt du 24 juin 1868.)

Ici, malgré moi, un rapprochement me saisit.

Sur la première question (voy. *suprà,* 13 fé- vrier 1860), la Cour déclare que le partage d'ascen- dant est *une donation.*

Sur la seconde (voy. 24 juin 1868), la Cour pro- clame que ce partage est un partage de *présucces- sion...* N'y a-t-il pas là au moins l'apparence d'une contradiction, grosse de procès pour l'avenir, et cet antagonisme entre deux branches hybrides de la même thèse n'est-elle pas fertile en enseignements?

J'y rattache une conclusion qui n'est pas tout à fait celle de M. le président Réquier. Au cours de son remarquable traité *des partages d'ascendants,* le savant magistrat se montre tellement troublé de l'instabilité de la jurisprudence, qu'il va jusqu'à dis- suader les pères de famille de pratiquer un genre de dispositions aussi fécond en litiges. Dans un

---

[1] D. P., 1851. 1. 294; D. P., 1862. 1. 404; D. P., 1864. 1. 280 et 345; D. P., 1868. 1. 289.

intéressant article publié dans la *Revue critique*
(t. XXVI, 1ᵉʳ septembre), et inspiré par un arrêt
d'Agen du 8 juillet 1868 contraire à la doctrine de
la Cour suprême, il insiste avec toute la fermeté de
son indépendance et toute la puissance de sa spécia-
lité, sur les inconvénients du régime de l'arrêt de
cassation du 24 juin 1868. A son estime, « la vie ne
« peut être rendue aux partages d'ascendants que
« par un changement de jurisprudence », et ses illu-
sions sont si peu vives que voici son dernier mot :
« Le résultat final est facile à prévoir, c'est l'aboli-
« tion des partages d'ascendants. Ce résultat est bien
« près d'être atteint; quelques années suffiront pour
« le compléter. »

Je crois, avec et après l'éminent magistrat, que
la thèse adoptée depuis vingt ans, sur la lésion,
par la Cour de cassation, entraîne des conséquences
contraires aux préceptes du droit civil et aux lois
de l'économie politique.

Aux principes du droit : n'y a-t-il pas, en effet, dans
ce système, qui accueille, *au bout de trente*, *quarante
années et plus*, des actions en rescision, n'y a-t-il pas
violence faite à la bonne harmonie des familles,

Au respect de la foi jurée,

A la règle de l'irrévocabilité des donations,

A la disposition de l'article 890 [1]?

---

[1] Article 890. « Pour juger s'il y a eu lésion, on estime les ob-
« jets suivant leur valeur à l'époque du partage. »

Aux lois de l'économie politique :

N'est-il pas, en effet, manifeste que l'éventualité d'une éviction à très-long terme est une perpétuelle cause de découragement pour les possesseurs, qui s'abstiennent de toute espèce d'améliorations ? N'est-il pas évident que cette perspective frappe de stérilité et d'indisponibilité, entre leurs mains, tout comme le feraient des substitutions, les héritages donnés ?

Mais au delà, je me permets de m'éloigner de la conclusion de M. le président Réquier. Il est inadmissible que l'institution des partages d'ascendants soit destinée à périr, par le motif qu'elle constitue le régime indispensable de diverses provinces agricoles, telles que la Bretagne, la Normandie, le Languedoc, où une notable portion du sol arable est entre les mains des cultivateurs. Dans ces contrées, et dans diverses autres, le chef de famille, parvenu à un certain âge et fatigué des labeurs de l'exploitation, est obligé d'abdiquer. Mais comment s'y prendre ? Confier la commune direction à tous les enfants et descendants ? Hélas ! l'expérience démontre que l'indivision est trop souvent la guerre. Le père est alors inévitablement conduit à faire ce qu'ont fait ses devanciers, ce que devront faire un jour ses successeurs : partager son patrimoine en loties, qu'il évalue, et qu'acceptent ensuite les divers copartagés. Tant que le monde sera monde, les choses iront ainsi, et l'on peut se demander comment et pourquoi nos mœurs céderaient à un ensemble de lois ou d'arrêts qui interdiraient de semblables habitudes.

C'est, au contraire, la loi qui doit se plier aux mœurs, et le secours que M. Réquier demande à la jurisprudence, je le demande au législateur. C'est à lui qu'il appartient et qu'il incombe de compléter ce chapitre vII, dont j'ai voulu mettre en relief quelques lacunes capitales, et dans lequel les trois réformes essentielles, sans préjudice des autres, — je ne me lasserai pas de le répéter, — consisteraient :

1° A conférer à l'ascendant donateur le droit de varier la composition des lots, à la charge de ne pas blesser la réserve [1];

2° A avancer la prescription de l'action en lésion au jour du contrat, au lieu de la reculer au décès du donateur;

3° A limiter la durée de cette prescription à deux années seulement, dans l'intérêt de la stabilité de la propriété [2].

Ce n'est qu'à la condition d'un remaniement complet en ce sens, que notre Code présentera sur la matière, une œuvre pratique et féconde.

---

[1] V. *suprà*, p. 125.
[2] Cf. le président Barafort, *Des partages d'ascendants et des modifications à introduire dans la loi sur cette matière.*

XII

TITRE TROISIÈME.

DES CONTRATS OU DES OBLIGATIONS CONVENTIONNELLES EN GÉNÉRAL.

Si des mains d'un législateur humain une œuvre parfaite est jamais sortie, c'est celle consacrée par les rédacteurs de notre Code aux « contrats et obli- « gations conventionnelles en général ». Ce titre, qui contient plus de deux cent cinquante dispositions (1101-1369), est un édifice de justice et de raison. Le jurisconsulte n'y pénètre pas sans méditer sur cette devise, inscrite au fronton du monument :

« Les conventions légalement formées tiennent « lieu de loi à ceux qui les ont faites. — Elles obli- « gent à toutes les suites que l'ÉQUITÉ, l'usage et la « loi imposent à l'obligation d'après sa nature. »

Toute la théorie des contrats est là. Inspirée par des penseurs comme Domat et Pothier, la règle des articles 1134 et 1135 est une des plus philosophi- ques conceptions du droit privé, comme elle est encore une nouvelle condamnation du formalisme romain et de ses solennelles complications. Obéis- sance à la foi jurée, et faculté pour l'individu d'éri- ger *en loi* l'expression de ses conventions, tels sont les traits dominants de ce titre troisième, au milieu duquel je ne m'égarerai pas en des dissertations de scoliaste.

Que les juristes se livrent à des querelles de terminologie sur certaines définitions contenues dans cette portion de notre Code ; qu'ils s'élèvent même contre le laconisme extrême de certaines dispositions, des articles 1166 et 1167, par exemple... ce sont là de mesquins aperçus, et la valeur de l'œuvre n'en est guère atteinte.

Le double principe de la liberté et du caractère obligatoire des contrats demeure l'alpha et l'oméga de cet important chapitre. Les autres règles qui y sont groupées n'en sont que la logique déduction. Nous aurons à voir si, dans les titres réservés à la définition et à l'établissement de quelques contrats spéciaux, le législateur n'a pas été, sans s'en apercevoir, partiellement infidèle à son programme.

XIII

TITRE CINQUIÈME.

DU CONTRAT DE MARIAGE ET DES DROITS RESPECTIFS DES ÉPOUX.

Prééminent entre tous les contrats, le contrat de mariage occupe une des plus longues pages du livre de nos lois, et l'article 1393 en est la substantielle préface. D'après cet article, et à défaut de stipulations spéciales, « les règles de la communauté légale forment le droit commun de la France ». Un savant écrivain a trouvé le berceau de cette participation civile entre époux dans l'esprit d'association du moyen âge[1]. Nous garderons toujours ce régime

---

[1] Le plus ancien texte relatif à la véritable communauté conjugale appartient aux vieilles coutumes bretonnes. Certains érudits ont cru en trouver la racine dans divers fragments des lois salique et ripuaire, abandonnant une fraction *des acquêts*, souvent un tiers, à la femme mariée. (Pardessus, *Loi salique*, p. 675.) Mais un partage aussi léonin au profit du mari ressemblait plus, à l'égard de l'épouse, au douaire germain qu'à notre communauté légale. Cette communauté attributive de la moitié de tous les biens, et non pas seulement des acquêts, à la femme comme à son conjoint, est positivement affirmée dans les textes suivants colligés vers 940 par Hoël Da, roi du pays de Galles, et traduits en 1841 du gaélique en anglais, sur l'ordre de la reine Victoria :

Leges Wal., eod., Demet, t. I, L. II, nos 1-2.

..... « If, after the seven years, he leave her, let all be shared between them, unless privileges should give preference to the husband : two parts of the children go to the husband, and the third to the mother ; the eldest and the youngest go the father. *If they be separated by death, let every thing be equally shared*

conjugal, parce qu'il est français et chrétien, parce
qu'étant le plus simple et le plus juste sous le rapport du droit privé, il est encore, au point de vue
de la richesse publique, le meilleur et le plus fécond. Mais tout en conservant dans son intégrité le
titre cinquième, il ne nous est pas défendu d'y introduire certaines dispositions complémentaires,
que réclame l'expérience de chaque jour.

Pour demeurer dans le domaine des affaires, j'em-
prunterai à M. Rivière [1] la liste des principales questions pendantes, depuis cinquante à soixante ans,
dans la jurisprudence, et nées du silence de la loi.

Quelque aride que soit une pareille énumération,
je supplie le lecteur d'y jeter les yeux, et de me-
surer, au nombre et à l'importance de ces questions,
l'intensité des controverses. Voici la transcription
littérale de chaque *position* :

« I. Dans quel délai les créanciers du mari peu-
« vent-ils attaquer la liquidation des droits et re-
« prises de la femme, faite soit par le jugement

*between them ; c'est-à-dire, s'ils sont séparés par la mort, chaque
chose doit être également partagée entre eux.*
 Ibid., eod., Vened, t. I ; eod., Guent, t. I.
*If by dying they part, she is to have every thing in the two por-
tions, except the corn;* no wife in the world is to have share of
the corn, but and epoused wife; *c'est-à-dire, s'ils sont séparés
(les époux) par la mort, elle (la femme) aura la seconde partie de
toute chose, excepté le blé,* etc. »
De l'énergique précision de ces dispositions, il faut induire que
la conception de l'égal partage des biens entre les conjoints est
née sur la terre celte, et que cette institution a, par conséquent,
une origine indubitablement nationale.
 [1] *Revue doctrinale des variations,* etc., *Op. cit.*

« même qui a prononcé la séparation de biens, soit
« par un jugement ou par un acte postérieur? »
(Art. 1447.)

« II. L'obligation que la femme séparée de biens
« a contractée pour une cause étrangère à l'admi-
« nistration de ses biens, sans l'autorisation de son
« mari ou de la justice, est-elle valable et exécutoire
« sur ses revenus et sur son mobilier? » (Art. 1449,
217, 224.)

« III. La femme, soit qu'elle accepte la com-
« munauté, soit qu'elle y renonce, peut-elle, pour
« les indemnités qui sont dues, et lorsqu'elle se
« trouve en conflit avec des créanciers de la com-
« munauté, faire sur les biens communs meubles ou
« immeubles des prélèvements au préjudice de ces
« créanciers? Ou bien, au contraire, ne peut-elle,
« dans les deux cas, agir que comme simple créan-
« cière, n'ayant, sauf l'exercice de l'hypothèque lé-
« gale, aucun droit de préférence sur les autres
« créanciers qui ont formé opposition avant le par-
« tage? » (Art. 1470, 1471, 1483, 1493.)

« IV. Le mari peut-il, sous le régime de la com-
« munauté, céder à un tiers les créances que la
« femme a réalisées? Peut-il en recevoir le rembour-
« sement? » (Art. 1503, 1428.)

« V. La dot mobilière est-elle inaliénable sous le
« régime dotal? » (Art. 1554.)

« VI. Sous le régime dotal, les obligations con-
« tractées soit par la femme, soit par le mari,

« peuvent-elles être exécutées sur les fruits et re-
« venus des immeubles dotaux ou sur les fruits et
« intérêts de la dot mobilière? » (Art. 1554.)

« VII. L'exécution des engagements que la femme
« mariée sous le régime dotal a contractés, soit par
« suite de délits ou de quasi-délits, soit par suite de
« quasi-contrats, peut-elle être poursuivie sur ses
« biens dotaux? » (Art. 1554.)

« VIII. Les époux peuvent-ils, en se mariant sous
« un régime dotal, se réserver, par leur contrat de
« mariage, la faculté d'hypothéquer les immeubles
« dotaux de la femme? La clause insérée dans le
« contrat de mariage, que la femme pourra, avec
« l'autorisation du mari, aliéner son immeuble
« dotal, emporte-t-elle virtuellement le droit de
« l'hypothéquer? » (Art. 1557, 1558.)

« IX. L'acquéreur d'un immeuble dotal sous la
« condition d'un remploi immobilier qui n'a pas été
« effectué avant la dissolution du mariage ou la
« séparation de biens, peut-il arrêter l'action en
« révocation de la vente formée par la femme après
« la dissolution du mariage ou la séparation, et se
« soustraire au délaissement de l'immeuble vendu,
« en offrant de payer une seconde fois le prix d'ac-
« quisition? » (Art. 1557, 1560.)

« X. Quel est le caractère et quels sont à l'égard
« des tiers les effets du jugement qui accorde, sur
« requête, l'autorisation d'hypothéquer ou d'aliéner
« les immeubles dotaux? » (Art. 1558.)

En tout, dix questions, des plus pratiques et des plus épineuses, sur lesquelles la juridiction suprême a éprouvé les hésitations les plus vives, et parfois les revirements les plus imprévus. L'analyse détaillée de ces divers monuments judiciaires m'entraînerait trop loin. Il est aisé de la trouver tout entière dans l'intéressant ouvrage indiqué plus haut. Si j'avais à choisir un prototype entre ces ardus problèmes, je m'oublierais peut-être à l'étude du troisième. L'historique de cette célèbre question des reprises de la femme en fait comme le pendant de celle rappelée dans le chapitre précédent, à la page 134. Ici comme là, mêmes fluctuations et mêmes retours. Négative soutenue dans tous les arrêts intervenus jusqu'en 1853; affirmative inscrite dans ceux du 11 avril 1854 et du 8 mai 1855; rétractation en 1858, au souffle puissant de Dupin, de la seconde doctrine: tel est le tryptique offert à l'œil surpris du juriste par la série de ces variables décisions. Le tableau de ces conflits quotidiens, cela a déjà été dit, est une perpétuelle mise en demeure à l'adresse du législateur. Et personne ne refusera son adhésion à ces lignes judicieuses de M. Rivière[1] :

« ..... Tel est le dernier état de la jurisprudence
« sur cette question, qui, pendant plusieurs années,
« fut célèbre au Palais et à l'École, mais qui, au
« point de vue doctrinal, n'était vraiment pas digne

---

[1] *Op. cit.*, p. 602.

« d'aussi solennels débats. La Cour de cassation,
« d'ailleurs, dans l'arrêt de 1853 et dans ceux qu'elle
« rendit avant celui de 1858, avait peut-être été
« entraînée par sa vive sollicitude pour la dot des
« femmes, plus encore que par l'argumentation des
« partisans de la doctrine de la copropriété. Cette
« sollicitude s'explique en présence de l'insuffisance
« ou de l'inefficacité de la sûreté de l'hypothèque
« légale de la femme, à notre époque où la pro-
« priété mobilière a acquis une si grande impor-
« tance. (Voy. notre *Examen du régime de la pro-
« priété mobilière en France.*)

« En revenant à la doctrine traditionnelle, et la
« seule consacrée par les textes du Code Napoléon, la
« Cour s'est sagement renfermée dans les limites de
« ses attributions. Ce serait au législateur à examiner
« s'il n'y a pas encore ici *une lacune* à combler. »

J'arrête ici, sans l'épuiser, mon argumentation
en faveur de certaines dispositions complémentaires,
qu'appelle l'insuffisance de notre législation.

Je n'abandonnerai toutefois pas ce Titre sans
consacrer un dernier alinéa à une modification d'un
autre ordre que je crois indispensable, et qui a trait
au régime dotal.

L'infériorité économique et philosophique de ce
régime est certaine[1]. Si le principe de la liberté des
pactes n'en autorise pas la prohibition, il appartient,

---

[1] V. en ce sens Rodière et Pont, *Traité du contrat de mariage,*
p. 19.

du moins, au législateur de l'accommoder aux nécessités de notre civilisation. Le but ne paraît pas
avoir été atteint par cet exorbitant article 1554,
qui porte que :

« *Les immeubles constitués en dot ne peuvent*
« *être aliénés ou hypothéqués pendant le mariage ni*
« *par le mari ni par la femme, ni par les deux con-*
« *jointement.* »

Il ne l'est pas davantage par les articles 1555,
1556 et 1558, qui n'admettent d'exceptions que dans
les cas suivants :

Établissement des enfants;

Retrait du mari de prison (aboli avec la contrainte par corps);

Prestation des aliments à la famille;

Payement des dettes ayant date certaine avant le
mariage;

Payement des grosses réparations indispensables;

Indivision avec des tiers.

A ces articles, ainsi qu'à l'article 1560, je propo-
serais de substituer celui-ci :

Article unique. — « *Le fonds dotal pourra être aliéné*
« *ou hypothéqué avec l'autorisation du tribunal, en*
« *cas d'avantage évident ou de nécessité absolue, et à*
« *la condition d'un remploi surveillé par la justice.* »

Je ne prétends pas adéquate cette formule empruntée à un ordre similaire de faits, les ventes de
biens de mineurs, mais je la crois préférable à celle
du Code. Voici mes raisons :

L'idée essentielle de la dotalité, c'est la conservation de la fortune de la femme, légalement pro-
tégée contre les entraînements de son mari et contre
sa propre fragilité. L'inaliénabilité n'est donc pas
l'objectif; c'est le moyen : moyen préjudiciable au
crédit public, funeste au mouvement de la propriété,
restaurant la mainmorte et les substitutions, et
auquel il faut préférer, sans hésitation, celui d'un
remploi démontré nécessaire ou avantageux. Chacun
le sait, cette radicale indisponibilité, créée seulement
par Justinien, n'exista ni dans le droit romain de la
république et d'Auguste, ni dans les Coutumes
françaises du Nord, de l'Ouest, du Lyonnais, du
Forez; en Normandie [1], elle était tempérée par le
droit de récompense sur les biens du mari solvable.
Aujourd'hui encore, diverses législations corrigent
l'indisponibilité absolue par l'octroi de la faculté de
vendre en cas d'avantage certain pour la femme.
« *Pourvu qu'il y ait utilité évidente pour celle-ci* »,
dit l'article 1539 du Code sarde. Il paraît en être
ainsi dans les Codes du canton de Vaud [2], de l'Amérique du Sud [3], et vainement on chercherait un équivalent de cette règle inflexible dans les lois du
Danemark ou de la Hollande, de la Norvége, de la
Suède ou de la Prusse [4].

Encore une fois, puisque le salut de la dot peut,

---

[1] Art. 540. — [2] Art. 1102. — [3] Art. 29. — [4] Hollande, titre VIII;
Danemark, titre V; Norvége, titre V; Suède, chap. xvi; Prusse,
titre I.

en toute sécurité, être demandé à un remploi
équivalent, et dont la réalisation se ferait sous l'œil
même de la justice, pourquoi soustraire à la libre circulation toute une classe de biens, toute une portion
du territoire? Pourquoi maintenir, envers et contre
tous, cette surérogatoire garantie de l'inaliénabilité?
Pourquoi surtout blesser, sous prétexte de les protéger, les intérêts des époux eux-mêmes? « Comment! j'ai reçu en dot un bien d'agrément qui me
condamne à des dépenses onéreuses; je pourrais,
en l'aliénant, me dégrever de ce passif annuel,
placer le prix, augmenter le revenu de mon ménage :
point du tout; le régime dotal m'oblige, par esprit
de conservation, à m'appauvrir en frais stériles, à
renoncer à tout progrès, et à vivre dans le malaise,
au lieu du bien-être que j'ai sous la main. »
M. Troplong, à la préface duquel j'emprunte cette
saisissante observation, en tire plus loin cette conséquence, déduite à la page 280 de son tome II[1] :
« C'est pourquoi, afin de tout concilier, j'aurais
« mieux aimé que le Code civil, au lieu de décréter
« l'inaliénabilité absolue et légale de la dot, inalié-
« nabilité défavorable (comme l'enseignaient les
« canonistes), puisqu'elle est contraire à la liberté,
« eût, au contraire, déclaré le bien de la femme
« aliénable, à charge de remplacement. »

[1] Troplong. *Du contrat de mariage et des droits respectifs des
époux.*

Cette conclusion, je l'ai déjà préjugée dans
l'amendement dirigé plus haut contre l'article 1554,
et j'y persiste avec énergie en attribuant à l'impar-
tialité du pouvoir judiciaire le soin de ratifier et
d'imposer le genre de remplacement. Aussi bien,
les rédacteurs de notre Code ont eux-mêmes reculé
devant les conséquences exorbitantes de cet article.
Sous les dispositions suivantes, ils ont édicté une
série d'exceptions qui, à mes yeux, ne constituent
qu'un palliatif tout à fait inefficace. En effet,
c'est le sort inévitable des énumérations limitatives,
comme c'est celui des œuvres humaines, de ne pas
correspondre à tous les besoins et d'omettre bien
des cas. Mieux vaut cent fois un principe général,
nettement rédigé et confié à l'appréciation discré-
tionnaire des tribunaux, qu'une nomenclature in-
complète, et par conséquent injuste. Ici le principe
général ne saurait être douteux; c'est celui de
l'aliénation du fonds dotal combiné avec un remploi
judiciaire.

Les insistantes ·revendications en ce sens des
jurisconsultes et des économistes finiront, il faut le
croire, par trouver un écho. Et il ne nous est pas
défendu d'entrevoir, dans l'avenir, le moment où
les Pouvoirs compétents introduiront, dans le mécanisme de notre système dotal, une simplification
désormais indispensable.

XIV

TITRE SIXIÈME.

DE LA VENTE. — LOI DU 26 MARS 1855 SUR LA TRANSCRIPTION.
— LOI DU 20 MAI 1838 SUR LES VICES RÉDHIBITOIRES.

Le législateur auquel incombe la tâche d'organiser ce genre de contrats, la plus fréquente des négociations humaines, a deux écueils à éviter :

Les entraves qui peuvent blesser la liberté des
conventions; — les obscurités de textes qui, engen-
drant des litiges, laissent la propriété incertaine.

En général, les articles formant le titre de la vente
ont échappé au premier danger. A part *le retrait
litigieux* qui devrait disparaître, comme *le retrait
successoral* [1], à part quelques prohibitions de second
ordre que je suis contraint de négliger, l'économie
du Code civil sanctionne et favorise les mutations
soit mobilières, soit immobilières. C'est dans cet esprit qu'est conçu l'article 1583, en vertu duquel
« la propriété est acquise de droit à l'acheteur à
« l'égard du vendeur, dès qu'on est convenu de la
« chose et du prix. » A ce sujet, je n'ai aucune envie de m'en prendre, à l'exemple de M. Batbie, à

---

[1] V. *suprà*, p. 91. Cf. Albert Desjardins, agrégé à la Faculté
de droit de Paris, *Revue de droit français*, t. XXX, 1870, p. 284.

la disposition de notre Code (art. 1674), autorisant le vendeur d'un immeuble, lésé de plus des sept douzièmes dans le prix, à demander la rescision de la vente. Cette règle, si fort attaquée dans la *Révision du Code Napoléon*, m'a toujours semblé une des plus juridiques et une des plus équitables de notre législation. Si on l'effaçait, il faudrait effacer aussi celle en vertu de laquelle il « n'y a point de consentement valable, si le consentement n'a été donné que par erreur, ou surpris par dol. » Quand, à la suite du pillage des Prussiens qui ont volé mes modestes épargnes, j'abandonne, pour quatre mille francs, mon champ et ma maison, en valant douze mille, n'est-il pas clair que mon consentement n'a pas été libre, et n'est-il pas moral qu'un pareil acte puisse être brisé? Je ne saurais souscrire à une semblable mutilation de notre loi, et je suis convaincu que le législateur de l'avenir maintiendra dans son intégrité cette disposition légale, qui se retrouve dans la plupart des autres pays.

Malheureusement, il n'en est pas de même du second danger. Je n'ai point le loisir de multiplier mes preuves; je ne m'arrêterai même pas à cette énigme de l'article 1599, que la jurisprudence a laborieusement déchiffrée. Elle enveloppe l'immense question de savoir quel est le sort de la vente faite par l'héritier apparent. La Cour de cassation a été immuable dans ses décisions en faveur de la validité de ces sortes de transactions [1]; on peut dire la question tranchée *in terminis*, et une révision n'est peut-être pas indispensable. Mais, en revanche, notre législation offre encore, au chapitre du *Transport des créances* [2], et dans la loi de 1855, spéciale à la *Transcription*, certaines ambiguïtés funestes au crédit public.

Tout d'abord, chacun connaît la trop célèbre controverse relative au règlement du concours entre des créanciers opposants et le cessionnaire d'une créance : quel est le sort respectif des saisissants antérieurs ou postérieurs à la signification du transport? — Le mutisme du Code a laissé dans l'obscurité la plus complète et cette question et toutes celles qui en découlent.

La saisie-arrêt frappe-t-elle d'indisponibilité toute la dette du tiers saisi?

Oui, dit la Cour de Paris, 15 janvier 1814 et 28 mai 1820. (DALLOZ, *Répertoire général*, v° SAISIE-ARRÊT, n° 426.)

Non, répond celle de Nîmes, 19 juin 1839. (DALLOZ, P., 1840. 2. 5.)

La quantité excédant les causes de l'opposition peut-elle être valablement transportée?

Non, enseigne Bioche (v° SAISIE-ARRÊT, p. 237);

Oui, jugent les Cours de Bourges, 3 février 1836,

---

[1] 3 août 1815; D. A., 12. 352; 16 janvier 1843; D. P., 1843. 1. 49; 16 janvier 1843; D. P., 1843. 1. 371.

[2] Art. 1789 et suiv. du Code civil.

et de Toulouse, 7 décembre 1838. (DALLOZ, *Répert.*
génér., Cod. n° 427.)

Les saisissants antérieurs profitent-ils seuls des
sommes pour lesquelles ils ont saisi ?

Affirmative : Aix, 21 mars 1844 (DALLOZ, *id.*,
n° 429), et Duvergier, *De la vente* (n°s 201 et 202).

Négative : Riom, 28 janvier 1862 (J. P., 1863.
398), et Chauveau sur Carré, *Lois de la procédure*,
9. 1952.

Les opposants postérieurs ont-ils au contraire le
droit de venir à contribution ?

Affirmative : Riom, 28 janvier 1862, déjà cité.

Négative : Aix, 21 mars 1844, déjà cité.

Dans ce dernier cas, les saisissants antérieurs ont-
ils le droit de se faire indemniser par le cessionnaire
du préjudice résultant pour eux de ce concours ?

Affirmative : Pau, 2 avril 1832. (D. P., 1834.
1. 177.)

Négative : Guadeloupe, 16 mai 1851. (D. P.,
1851. 2. 224.)

Sur toutes ces difficultés, des plus pratiques et
des plus quotidiennes, les instruments légaux font
défaut. C'est pourquoi chaque jour voit intervenir,
à grand renfort de frais, de nouvelles décisions.
M. le conseiller Houyvet[1] estime que, à ce sujet,
on a bien colligé cinquante arrêts divers : combien
de dépenses au public, de déceptions aux plai-

---

[1] *Revue pratique du droit français*, t. XXXI, 1871, p. 177.

deurs, d'anxiétés aux juges, ont causées ces cinquante arrêts! Il est certain que la doctrine et la jurisprudence ont enfanté, à cet égard, au moins douze systèmes [1], que je me garderai bien d'énumérer, de peur d'offenser le légitime orgueil de l'auteur inconnu d'une treizième théorie, qui se cache peut-être quelque part. La Cour de cassation, du reste, n'a sanctionné complétement aucun de ces systèmes; ses décisions n'ont jamais embrassé l'ensemble des difficultés connues; elles ont constitué le plus souvent des décisions d'espèces, et le laconisme de leur rédaction est plein de circonspection..... La preuve en est que son récent arrêt du 25 août 1869 [2] est réciproquement invoqué par les divers champions des partis les plus opposés. Que conclure de tout ce qui précède? Que chacun de ces partis est dans l'erreur?... Mais une disposition légale n'est directement opposable à aucun d'eux.

Que chacun d'eux est dans la vérité?... Mais tous rencontrent les plus solides objections!

Ainsi, tous ont raison, car le champ est ouvert à la controverse. Tous aussi ont tort, car tous prétendent avoir mis la main sur le véritable système légal; et, comme on l'a judicieusement dit [3], de système légal, il n'y en a pas « sur ce point auquel

---

[1] Sirey, Supplément aux Codes annotés.
[2] D. P., 1869. 1. 456.
[3] Th. Barilliet, docteur en droit, *Revue pratique de droit français*, t. XlII, 1862, p. 49.

il est plus que douteux que le législateur ait songé ».
Eh bien, il est urgent que le législateur y songe, et
qu'un nouveau texte additionnel au chapitre vⅢ de
ce titre vienne éclairer la doctrine et la jurisprudence dans les obscures impasses où elles ont dû
s'engager.

Quant à la loi sur la transcription, elle présente
des lacunes nombreuses, et elle laisse place à de
sérieuses difficultés, dont je citerai deux seulement :

1° *En cas de concours entre deux acquéreurs successifs d'un même immeuble, qui ont requis le* MÊME
JOUR *la formalité de la transcription, lequel des deux
doit être préféré?*

2° *En cas de conflit entre un saisissant et un
acheteur, la saisie, transcrite avant la transcription
de la vente, prévaut-elle contre l'acte translatif de la
propriété?*

Première question. — Je défie le plus intrépide des
commentateurs de découvrir un article, un membre
de phrase, un mot qui contienne une solution à cet
égard. Aussi les docteurs ont-ils su se donner carrière. Écoutons-les.

M. Dalloz [1] s'exprime ainsi :

« On doit, il nous semble, recourir, pour ce cas,
« à la disposition de l'article 2200 du Code civil,
« ainsi conçu : Les conservateurs seront tenus d'a-

[1] *Répertoire général*, vᵒ TRANSCRIPTION HYPOTHÉCAIRE, nᵒ 549.

« voir un registre sur lequel ils inscriront, jour par
« jour, et par ordre numérique, les remises qui leur
« seront faites d'actes de mutation pour être trans-
« crites, ou de bordereaux pour être inscrits; ils
« donneront au requérant une reconnaissance sur
« papier timbré, qui rappellera le numéro du re-
« gistre sur lequel la remise aura été inscrite, et ils
« ne pourront transcrire les actes de mutation, ni
« inscrire les bordereaux sur les registres à ce des-
« tinés, qu'à la date et dans l'ordre des remises qui
« leur ont été faites. »

Tel est à peu près le sentiment de M. Flandin [1],
qui ajoute :

« Je n'entends pas dire qu'il ne sera pas permis
« de combattre les inductions à tirer, en faveur de
« l'un des acquéreurs, de la propriété du numéro
« d'ordre ; de prouver quel est le résultat de l'er-
« reur, ou même de la fraude, mais ce sera à celui
« qui alléguera l'erreur ou la fraude à la démontrer. »

M. Troplong [2] tient pour un parti mixte ainsi résumé :

« Les énonciations du registre forment une pré-
« somption, un indice à prendre en considération
« par le juge, sans que l'acte présenté le *premier*,
« *dans le même jour, pour être transcrit, l'emporte*

---

[1] *De la transcription*, t. II, n° 192. Cf. Ducruet, *Étude sur la
transcription*, n° 14 *bis;* Sellier, *Comment.*, n° 170.
[2] *De la transcription*, n° 192.

« *nécessairement et absolument sur l'autre.....* »

Les rédacteurs du *Journal du Palais* [1] semblent trouver dans le numérotage du conservateur une raison péremptoire de décisions :

« Nous ne croyons pas que le témoignage du con-
« servateur puisse être infirmé, qu'on doive ad-
« mettre facilement une partie à faire la preuve
« contraire, et surtout qu'il y ait lieu, pour décider
« entre des prétentions rivales, de consulter les
« dates des contrats, quand la loi veut qu'on n'ait
« égard qu'à l'autorité de la transcription. »

MM. Rivière et Huguet [2], tout à fait opposés à la doctrine de M. Flandin et de M. Troplong, pensent que les deux transcriptions se neutralisent, et ils concluent :

« On rentre dans la règle *Prior tempore, potior*
« *jure.* »

Les monuments de jurisprudence sont rares. Il n'existe pas d'arrêt de principe de la Cour suprême. La Cour de Rennes, saisie de la difficulté, n'a pas jugé la question de droit, et s'est déterminée en fait, par la considération d'une connivence frauduleuse entre le vendeur et le second acheteur [3]. Le tribunal de pre-

---

[1] Supplément, v° TRANSCRIPTION, n° 131.

[2] *Quest.,* n°s 203 et 204. Cf. Bressolles, *Exposé de la loi de la transcription*, n° 45.

[3] V. cet arrêt du 24 mars 1868, au *Bulletin* Gayet, t. I, p. 77, ainsi que la note de M. Eon, avocat. — Le pourvoi contre cet arrêt a été rejeté par une décision de la chambre des requêtes, basée sur la règle que la fraude fait exception à toutes les règles. (D. P., 1859. 1. 185.)

mière instance de Vitré avait, au contraire, abordé directement la controverse, qu'il avait, par un jugement fortement motivé, tranchée d'après le grand principe de la date certaine des contrats, au profit du premier acquéreur. (Art. 1319 et 1328 du Code civil.) — J'avoue mes préférences en faveur de cette dernière solution; si la loi spéciale fait défaut, il est toujours prudent de se guider par les règles générales du droit. Le système de M. Troplong, arbitraire et hybride, manque de base. Celui de MM. Flandin et Dalloz ne semble guère moins dangereux. L'article 2200 est une mesure d'ordre, à laquelle la loi civile n'a attaché ni conséquence ni sanction. N'est-il donc pas téméraire d'établir une solution juridique sur la série, peut-être intervertie, de numéros distribués par un fonctionnaire... ou par l'un de ses commis? Quoi qu'il en soit, il y a là un problème nettement posé, et duquel il est regrettable d'avoir à dire : « *Grammatici certant, et adhuc sub judice lis est.* »

Deuxième question. — La même réflexion est à faire sur cette seconde difficulté. La loi est tout à fait muette; mais si les Cours ne le sont pas, elles se trouvent, en revanche, fort divisées.

Un arrêt d'Angers, du 1er janvier 1860 [1], un autre de la chambre des requêtes, du 13 juin 1860 [2], et un jugement du tribunal de Dôle, du 10 mars

[1] D. P., 1860. 2. 33.
[2] D. P., 1860. 1. 352.

1858 [1], ont décidé que la vente consentie avant la
transcription de la saisie immobilière doit prévaloir
sur cette saisie, encore bien que la transcription de
ladite vente ait été postérieure à la transcription de
la saisie elle-même. Au contraire, la Cour de Caen [2],
celle de Besançon [3], les tribunaux de Draguignan [4]
et de Saverne [5], ont jugé que la préférence doit être
accordée à la saisie transcrite la première.

La difficulté se complique au cas où il arrive que
l'acte de vente et le procès-verbal de saisie ont été
transcrits le même jour ; coïncidence qui s'est, bien
des fois déjà, réalisée dans la pratique des faits. Un
arrêt du 1er juin 1865, noté (D. P., 1865, 2, 182),
s'est prononcé dans un sens ; la Cour de Caen, l'année suivante, a radicalement jugé le contraire. (D.P.,
1868, 2, 140.)

Il serait aisé de multiplier les citations ; de rappeler, par exemple, la fameuse question du renouvellement de l'inscription du privilége du vendeur,
ou bien encore celle de l'application à la matière
de la règle : *Fraus omnia corrumpit* [6]. Mais, je crois

---

[1] D. P., 1858. 3. 64. En ce sens, Mourlon, *Revue pratique de
droit français*, t. I, p. 472 et suiv.; Huguet, *Revue pratique*,
t. IV, p. 524 ; Godoffre, *Journal des avoués*, t. LXXXII, p. 99 ;
Bertauld, professeur à la Faculté de Caen, D. P., 1858. 2. 16.

[2] D. P., 1858. 2. 161.

[3] D. P., 1859. 2. 33.

[4] D.P., 1861. 3e partie.

[5] *Ibid.* Cf. Troplong, *Op. cit.*, n° 147 ; Dalloz, *Répertoire général*, n° 740.

[6] V. à ce sujet la juridique dissertation de M. Boissonade,

en avoir dit assez pour justifier ma thèse, rappeler les AMBIGUÏTÉS, et désigner à l'attention des légistes les plus saillantes lacunes de la loi de la transcription. Il suffit qu'une loi soit claire et précise, « tel « est le caractère du projet », s'écriait le vice-président, alors réputé infaillible, du Conseil d'État de 1855. L'expérience de chaque jour a eu raison de tout ce pompeux éloge. Non, cette loi n'est ni claire ni précise, qui, spécialement consacrée à la réglementation des conflits entre les ayants droit, laisse subsister les litiges ; qui, organique de la transcription, omet de statuer sur le concours entre les divers prétendants ayant satisfait à cette formalité ; qui, destinée enfin à l'affermissement de la propriété, la laisse, en certains cas, et litigieuse et instable !

Il y aurait une flagrante injustice à porter la même accusation contre la loi du 20 mai 1838 relative aux vices rédhibitoires, en matière de vente et d'échange des animaux domestiques. Au moyen d'une nomenclature sévèrement limitative, et par la fixation d'un délai légal imparti pour l'exercice de l'action en garantie, le législateur de 1838 a comblé un vide signalé depuis longtemps dans les articles 1644 et 1648 du Code civil. Substituer l'uniformité de la loi à la diversité des Coutumes, et éteindre de nombreuses contestations judiciaires, tel a été le double résultat de cette progressive réforme préparée par

agrégé à la Faculté de droit de Paris, *Revue pratique de droit français*, t. **XXX**, 1870, p. 537.

un Gouvernement libéral et votée par des Chambres éclairées.

Il y a peu de temps, la Société des agriculteurs de France, dans la séance du 13 février 1873 [1], formulait le vœu d'un amendement, en vertu duquel *la méchanceté*, quand elle constitue un danger pour la vie de l'homme, et *la rétivité absolue et constante*, seraient, pour la race chevaline, déclarées vices rédhibitoires. Quelle que soit la compétence technique de cette savante association, j'éprouve les doutes les plus sérieux sur l'opportunité de la modification proposée. Déjà, lors des débats de 1838, les défauts moraux, tels que la méchanceté, la rétivité, la timidité ombrageuse, furent mis en avant; les Chambres s'arrêtèrent devant la difficulté de définir positivement ces vices et de déterminer le point où ils commencent [2]. Je me persuade qu'en cas de nouvelle discussion législative, les conclusions de la « Société d'agriculture » échoueraient encore devant la considération que la *méchanceté*, chose tout à fait relative, varie avec le degré d'habileté du cavalier, et devant la crainte de multiplier les procès et les frais qui en découlent. C'est à ce dernier point de vue que je me place pour noter ici plutôt une remarque qu'une critique. Les litiges de ce genre ne s'engagent plus désormais que sur des difficultés de fait, fort simples à trancher, et dont la solution

[1] Le *Temps*, n° du 15 février 1873.
[2] *Recueil général du Journal des notaires*, t. XIII, p. 137.

est nécessairement subordonnée aux appréciations d'un ou de quelques experts. Dans ces conditions, il est regrettable de penser que les dépens judiciaires engendrés devant les tribunaux civils, pour l'instruction de ces sortes de procès, sont presque toujours hors de proportion avec l'intérêt en débat.

Pour statuer sur la vente d'un animal prétendu morveux ou fluxionnaire, et vendu 250 ou 300 fr., est-il bien nécessaire de recourir à l'intermédiaire des avoués et des avocats, d'élever des incidents de procédure, de notifier des constitutions, des sommations de communiquer et des conclusions plus ou moins motivées? La pratique nous révèle l'inanité de ces frais inutilement encourus, et la plupart de ces procès nous font assister à la métamorphose très-peu mythologique, et beaucoup trop réelle, d'un cheval ou d'un bœuf qui devient l'huître de la fable. Il est donc à souhaiter que ces instances, même celles dont la valeur originaire dépasse le taux de 200 francs, soient un jour déférées à la juridiction économique des juges de paix. Une loi, toute voisine par la date de celle qui me préoccupe, celle du 25 mai 1838, n'a-t-elle pas attribué à ces magistrats la connaissance de toutes les actions, quelle qu'en soit la valeur, en payement de loyers ou fermages, en résiliation de baux, et en validité de saisie-gagerie ; des actions pour dommages faits aux champs, fruits et récoltes, et de celles relatives aux arbres, aux haies, et au curage soit des fossés,

soit des canaux d'irrigation ; des réparations loca-
tives des maisons ou fermes ; des contestations relatives aux engagements respectifs des gens travaillant
au jour, au mois et à l'année ; des maîtres et des
domestiques ou gens de service à gages ; enfin de
toutes les actions possessoires ? Le législateur, en
disposant ainsi, a cédé évidemment à la décisive considération de la facilité de solution de ces diverses
instances. Il est patent qu'une identité de raison
s'impose à la matière de la garantie pour cause de
vices rédhibitoires, et qu'une légère correction en
ce sens est fort à désirer.

XV

Dans un précédent chapitre [1], une allusion a été faite à diverses atteintes portées par notre Code à la liberté des conventions privées. Certains articles des titres rappelés à la rubrique seront la justification sommaire de cette proposition.

Quant aux Sociétés, par exemple, l'article 1837, qui défend la stipulation de l'apport des biens qui pourraient avenir aux contractants par succession, donation ou legs, contient une restriction excessive. En quoi la promesse de mettre en société telle mine ou telle carrière, si elle tombe en héritage à l'un des associés, blesse-t-elle les bonnes mœurs? Les commentateurs voient d'ordinaire dans cet article 1837 une application de la règle prohibitive des contrats sur succession future. On conçoit très-bien la raison d'être de ce genre d'interdiction, lorsqu'il s'agit d'empêcher les fils de famille d'escompter, par de ruineuses aliénations, leurs espérances héréditaires. Mais il nuit au contraire, et très-inutilement, au développement de la richesse, s'il arrête la formation et

[1] V. *suprà*, p. 148.

s'il comprime les variables combinaisons des pactes sociaux.

Le même reproche ne pourrait-il pas s'adresser au deuxième paragraphe de l'article 1855, qui, pour mettre ou pour tenter de mettre l'égalité dans les contrats, commence par en chasser la liberté?

Il en est ainsi de plusieurs règles du louage. Je n'insiste pas sur le luxe inutile de dispositions que le Code a accumulées sur la matière assez peu pratique du *cheptel de fer*. Il y a là, je pense, un anachronisme et peut-être aussi une généralisation exagérée... Quoi qu'il en soit, c'est aux articles restrictifs des facultés contractuelles que j'en dois venir. Tout d'abord, l'article 1811, §§ 2 et 3, annule toutes stipulations d'après lesquelles le preneur supportera, dans la perte, une part plus grande que dans le profit, ou le bailleur prélèvera, à la fin du bail, quelque chose de plus que le cheptel qu'il a fourni. — Puis, l'article 1819 prohibe et brise toute convention, en vertu de laquelle le bailleur aurait une part quelconque dans le laitage, le fumier ou les travaux des bêtes, ou bien recevrait plus de la moitié des laines et du croît. — Enfin l'article 1828 annule encore la clause du bail qui met toute la perte à la charge du colon.

Toutes ces prohibitions ont été décrétées pour protéger le cheptelier contre le bailleur, le faible contre le fort, le travailleur contre le capitaliste [1].

[1] *Exposé des motifs de la loi relative au contrat de louage*, par

Or vouloir protéger les citoyens contre eux-mêmes, c'est tenter la plus chimérique des entreprises, parce que c'est par là même les pousser à une violation indirecte de la loi, ou bien les condamner à une stérile inaction. C'est à eux qu'il appartient de débattre en connaissance de cause leurs conventions et de s'engager librement. Les dérogations portées à ce principe primordial ne doivent donc pas être maintenues dans notre Code, dont elles troublent l'harmonie, et les bannir de nos lois serait faire acte de sagesse et d'émancipation. — Au même titre *du Louage*, l'article 1734, qui rend, sauf les exceptions réservées, les divers locataires d'une maison solidairement responsables de l'incendie envers le bailleur, a été sévèrement censuré par l'auteur de la *Révision du Code Napoléon* [1]. La plupart des auteurs, au contraire [2], estiment cette règle rigoureuse, mais juridique et nécessaire. Ils la considèrent, peut être à raison, comme un corollaire de l'obligation légale du preneur de rendre au propriétaire la chose dans l'état où il l'a reçue. Du reste, la jurisprudence a eu soin d'en limiter l'application aux cas taxativement prévus par les textes du Code. C'est ainsi qu'il

le conseiller d'État Gally. (Séance du 9 ventôse an XII.) — *Rapport au Tribunat*, par le tribun Mourricault. (Séance du 14 ventôse an XII.)

[1] *Op. cit.*, p. 150.

[2] Zachariæ, t. III, p. 13, note 9e ; Marcadé, sur l'art. 1733 ; Mourlon, *Répétitions écrites*, t. III, p. 234 ; Toullier, t. XI, n. 160 ; Delsol, *Code Napoléon expliqué*, t. III, p. 246.

a, diverses fois, été jugé que la solidarité cesse d'exister entre les locataires, lorsque le propriétaire habite lui-même une partie de l'édifice incendié[1].

Aussi bien, les plus acerbes conséquences de cette règle sont presque toujours conjurées par la salutaire pratique de l'assurance. Il serait intéressant pour la prospérité publique que cette habitude devînt unanime, et je me demande si le meilleur moyen d'en assurer la généralisation ne serait pas d'en faire l'objet d'un devoir strictement légal. Que l'on ne crie pas ici à l'immixtion indiscrète de l'État ou de la cité! Personne ne veut plus fermement que moi le respect du droit individualiste, et l'un des objectifs de ma thèse est de mettre en saillie les offenses dont il a été frappé par quelques dispositions de notre Code. Que les personnes se meuvent librement dans la sphère de leurs pactes privés; qu'elles stipulent, vendent, louent, prêtent, achètent au gré de leurs accords! Mais toutes les législations réservent une place à la défense des intérêts sociaux. Nos servitudes légales en sont un exemple. Les bills anglais des 9 août 1844, 31 août 1848 et 24 juillet 1851, relatifs à l'obligation de tout propriétaire de maintenir l'élévation *minima* de chaque étage ou la pente de chaque toiture, et de subir certaines charges foncières, en fournissent un non moins

---

[1] Lyon, 17 janvier 1834. (D. P., 1834. 2. 250.) Cass., 20 janvier 1873. Le *Droit*, n° du 22 janvier.

éclatant[1]. Eh bien, ne conviendrait-il pas que la loi, dans un haut intérêt d'ordre public, imposât aux parties contractant un bail à loyer l'obligation de s'assurer contre l'incendie? Ne faudrait-il pas qu'elle désignât, du bailleur ou du preneur, celui auquel en incomberait l'accomplissement? Serait-il équitable qu'elle en répartît également la responsabilité pécuniaire entre l'un et l'autre? C'est là une délicate question, dont la solution se rattache à un plus vaste programme.

Je ne la résous pas ; j'en pose la donnée. Elle devrait être pour le législateur un sujet de sérieuses méditations. Elle sera ma transition au chapitre suivant.

[1] F. Rivet, *Op, cit.*, p. 136.

XVI

TITRE DOUZIÈME.

DES CONTRATS ALÉATOIRES.

Je viens de parler des assurances contre l'incendie. Elles ne sont qu'une variété entre cent, au milieu de ces innombrables combinaisons que le génie de l'humanité a su opposer aux plus redoutables sinistres. Ces multiples catégories d'assurances, qui appartenaient d'essence à la rubrique des contrats aléatoires, n'ont trouvé aucune place dans la grande œuvre de 1804. N'est-il pas fâcheux de penser que notre Code civil, d'ailleurs si prévoyant, a gardé à ce sujet le plus complet silence? Ce n'est plus ici d'excès, c'est de défaut de réglementation qu'il faut se plaindre. Cette défaillance, qui ne semble pas avoir touché M. Batbie, avait été signalée avec insistance par son devancier[1] : « Parmi les associa-
« tions industrielles, disait cet économiste, il n'en
« est guère de plus utiles que celles qui ont pour
« but les *assurances*. — Les assurances enlèvent
« au malheur sa funeste puissance en divisant ses
« effets. L'intérêt s'ennoblit en prenant en quelque
« sorte les formes de la charité. Par les assurances,

[1] Rossi, *Op. cit.*, p. 15.

12.

« les entreprises les plus hardies n'offrent que très-
« peu de dangers; les plus terribles fléaux perdent
« leur horreur, et plus d'un père de famille, à son
« lit de mort, doit aux assurances sur la vie le bon-
« heur ineffable de pouvoir fixer sans angoisses ses
« derniers regards sur sa femme et ses enfants. —
« Cependant, si on excepte les assurances mari-
« times, on ne trouve pas dans nos Codes une seule
« disposition sur cette matière importante..... »

Personne, sans doute, ne contestera les savants
efforts réalisés par notre magistrature pour combler
le vide de nos lois. De nombreux monuments
judiciaires se sont élevés au sujet des assurances
terrestres, des mutualités contre la mort, des ton-
tines, des assurances contre l'incendie. Mais les
édifices de la jurisprudence sont toujours périssables, s'ils ne sont pas bâtis sur le granit d'une loi
positive. Qui ne sait que certains docteurs, forts de
l'absence de toute disposition, contestent encore
jusqu'à la légalité même des assurances sur la vie [1]?
Un jour, en 1864, devant la Cour suprême, la
voix de Dupin s'éleva pour fulminer contre l'immoralité de ces contrats :

« Ceci me fournit », ajoutait M. le procureur général, « l'occasion d'appeler l'attention du législateur
« et des magistrats sur ce genre de contrats dits
« d'*assurance sur la vie des personnes*. — Les assu-

---

[1] Boulay-Paty; Alauzet, t. II, p. 455 et suiv.

« rances sur la vie des hommes étaient interdites
« dans notre ancien droit; l'ordonnance de la ma-
« rine de 1681 a reproduit cette défense d'une ma-
« nière expresse; aucune loi postérieure ne l'a
« levée; *le Code civil n'en a point parlé*, et le plus
« éloquent de ses rédacteurs en a donné la raison
« devant le Corps législatif à la séance du 7 ventôse
« an XII (27 février 1804), en présentant son ex-
« posé des motifs du contrat de vente, chapitre III,
« *Des choses qui peuvent être vendues*. — « Il est
« sans doute permis, disait Portalis, de traiter sur
« des choses incertaines, de vendre et d'acheter de
« simples espérances; mais il faut que les incerti-
« tudes et les espérances qui sont la matière du con-
« trat ne soient contraires ni aux sentiments de la
« nature ni aux principes de l'honnêteté. Nous sa-
« vons qu'il est des contrées où ces idées de la
« saine morale ont été tellement obscurcies et étouf-
« fées par un vil esprit de commerce, qu'on y au-
« torise les assurances sur la vie des hommes. Mais
« en France de pareilles conventions ont toujours été
« prohibées. Nous en avons la preuve dans l'ordon-
« nance de 1681, qui n'a fait que *renouveler les dé-
« fenses antérieures*. L'homme est hors de prix; sa
« vie ne saurait être un objet de commerce; sa mort
« ne peut devenir la matière d'une spéculation mer-
« cantile... » Le même jurisconsulte, en présentant
« le titre des contrats aléatoires (séance du 14 ven-
« tôse an XII), reproduisait la même idée en disant:

« *On a proscrit, avec raison, les assurances sur*
« *la vie des hommes,* la vente de la succession d'une
« personne vivante, parce que de pareils actes sont
« vicieux en eux-mêmes, et n'offrent aucun objet
« réel d'utilité, qui puisse compenser les vices et les
« abus dont ils sont susceptibles.

   « Ce sont ces conditions que les lois romaines ap-
« pellent sinistres et pleines du plus dangereux
« avenir : *Plenas periculosissimi eventus.* — Ces fu-
« nestes prévisions se sont réalisées dans l'espèce
« par un odieux calcul, et l'assurance placée sur la
« tête de l'infortunée victime de la Pommerais, en
« servant à rendre son crime plus évident, est aussi
« ce qui le rend plus effroyable [1]. »

   Cette brillante digression fut, ce semble, plutôt
un éloquent réquisitoire contre le plus lâche forfait
qu'une argumentation juridique sur un point de
droit, dont la Cour n'était, du reste, pas saisie.
Mais, on le voit, la question du principe du *to be or
not to be* de ce contrat aléatoire se pose parfois, et
la réponse doit émaner du Pouvoir, qui, seul, a le
droit de formuler des dispositions générales et ré-
glementaires.

   Je pressens l'obligation tirée de la loi du 15 juillet 1868. La réponse est facile : ce monument législatif est spécial à une classe de citoyens, attributif
d'une sorte de monopole à la Caisse des dépôts et

---

[1] Cass. crim., 4 juin 1864. (D. P., 1864. 1. 499.)

consignations, organique de deux caisses d'assurance, *sous la garantie de l'État*. Il ne tranche que
virtuellement la question de légalité. En tout cas,
il ne contient pas plus que la loi de 1867 de disposition de principe; il ne définit pas le contrat
d'assurances sur la vie; il n'en caractérise point l'essence légale. Cette loi de circonstance, surtout ad-
ministrative, laisse donc la porte ouverte aux nombreuses difficultés qu'engendrent, à chaque instant,
ces conventions d'une nature spéciale.

S'il fallait, en passant, citer un de ces problèmes, je m'arrêterais de préférence à la question
si discutée de la validité des assurances constituées
sur la vie d'un tiers, à la conservation de laquelle
les bénéficiaires ne sont point intéressés. Ainsi
j'assure, au moyen de primes par moi soldées,
le versement à mon fils de cent mille francs, paya-
bles lors de mon décès : Contrat licite. L'intérêt
de l'un à l'existence de l'autre est indubitable. —
Mais je stipule d'une Compagnie, contre l'acquit
d'annuités payées, l'assurance à mon profit d'un
capital de vingt mille francs, au décès de Primus,
tiers étranger, qui n'est ni mon parent ni mon associé... La convention est-elle encore valable?

Non, disent un arrêt de la chambre des requêtes,
du 6 juillet 1852, et un autre plus récent de la Cour
d'appel de Paris, du 16 juillet 1860 [1].

---

[1] Cf. Troplong, *Contrats aléatoires,* n° 167; *Thémis,* t. V,
p. 359; *Journal des assurances,* t. I, p. 239, et t. IV, p. 241;

Oui, répondent les Cours de Limoges et de Paris[1].

Oui, dit aussi la Cour suprême..., à la condition que le contrat d'assurance réfère la présence et le consentement du tiers sur la vie duquel l'assurance portait.

Divers auteurs, y compris l'arrêtiste rappelé ci-dessous, s'élèvent contre la doctrine de cette sentence intervenue contrairement aux conclusions de M. le premier avocat général Nicias Gaillard. Je n'ai point à prendre parti dans cette retentissante querelle. Ce que j'en veux retenir, c'est cette conclusion si nette de l'auteur de la remarquable monographie citée plus bas : « En résumé, dit M. de « Montluc, si l'on fait la balance des arrêts rendus « sur la question, soit en Angleterre, soit en France, « on est obligé de reconnaître que la jurisprudence « n'est encore définitivement fixée ni dans un sens « ni dans un autre. » Cette diversité de jurisprudence, imputable à l'absence de texte positif, pourrait être signalée sur bien d'autres points. Elle met en relief le devoir du législateur de s'emparer d'un ordre de contrats trop longtemps négligé.

Ce ne seraient pas les jurisconsultes qui se plaindraient de la promulgation de quelques articles de

— Dalloz, *Jurisprudence générale*, vᵒ ASSURANCES, nᵒ 318 ; — Adrien de Montluc, avocat à la Cour de Paris, *Des assurances sur la vie dans leur rapport avec les principes du droit civil, du droit commercial et les lois de l'enregistrement.*

[1] Limoges, 2 décembre 1836 (D. P., 1837. 270.) ; Paris, 13 décembre 1852. (D. P., 1853. 1. 369.)

loi destinés à éteindre de trop nombreuses controverses. Les tribunaux y trouveraient le solide point
d'appui de leurs sentences. Quant aux économistes,
ils ne manqueraient pas d'applaudir à l'abolition
expresse et textuelle de l'article 10 de l'ordonnance
de 1684 prohibitif des assurances sur la vie. Cette
interdiction était une tache sur l'œuvre si belle de
Colbert. L'origine s'en trouvait dans une analyse
inexacte de quelques fragments de la législation romaine[1]. Le temps de toutes ces entraves, comme
celui des jurandes, des maîtrises, des douanes inté-
rieures, est passé. Depuis des siècles, les nations les
plus policées, les Anglais, par exemple, ont proclamé licites les assurances faites sur la vie des
hommes[2]. Par quel byzantin scrupule irait-on pro-
scrire ces fécondes stipulations qui ne ruinent personne et qui arrachent tant de familles aux étreintes
de l'indigence? Pourquoi jouer sur les mots, et for-
ger des prohibitions, sous prétexte que l'échéance
est retardée jusqu'à l'époque ignorée du décès?
On aura beau supprimer un pareil terme, on ne
supprimera point la mort, et, dans d'autres matières, la loi française a fait de la cessation de la vie
du bénéficiaire la cause légale de l'extinction de
l'usufruit.

---

[1] *Nefas est ejus modi casus expectare,* L. 34, § 2. Dig., 18. 1.
De contrah. empt.

[2] Blackstone, *Commentaries,* book II, ch. III, t. II, p. 459.

S'inspirant de la plus grande partie des auteurs [1], notre nouvelle législation légitimera sans doute les assurances sur la vie comme un des plus puissants instruments de crédit public. Mais elle ne s'arrêtera pas au milieu du chemin; elle proclamera le caractère aléatoire de cette convention; elle l'épurera de toutes les combinaisons qui en feraient une manifestation du jeu ou de la loterie; elle l'assimilera aux contrats d'indemnité. Elle dira dans quelles conditions il peut intervenir, dans quel cas il peut être exceptionnellement défendu. En un mot, elle fera cesser ces incertitudes qui engendrent le malaise et l'insécurité.

[1] Cf. Toullier, VI, n° 182; Quesnault, *Traité des assurances,* n° 8; Grün et Joliet, n° 367; Persil, n° 265; *Journal du palais,* v° ASSURANCES SUR LA VIE, n° 46; Avis du Conseil d'État, d'avril 1818, *Bulletin des lois,* VII, ccix, n° 4067.

XVII

TITRE DIXIÈME.

DU PRÊT A INTÉRÊT.

C'est encore au nom du grand principe, trop souvent méconnu, de la liberté des contrats, que j'aborde ce chapitre, dont l'épigraphe devrait être la devise des disciples d'Adam Smith : « *Laissez passer, laissez faire.* »

Ce précepte a été sacrifié par la loi du 3 septembre 1807, dont l'article 1er dispose :

« Article 1er. — L'intérêt conventionnel ne pourra « excéder en matière civile cinq pour cent, ni en « matière de commerce six pour cent, le tout sans « retenue. »

Quant aux autres articles de cette loi, et quant à ceux de la loi du 15 décembre 1850, ils édictent des pénalités contre les individus qui se livrent habituellement à l'usure.

Mon plus vif espoir est qu'un jour tous ces textes feront place aux deux dispositions suivantes :

§ 1er. *L'intérêt conventionnel des capitaux est réglé par le libre accord des parties contractantes.*

§ 2. *Dans le cas où le Code fait courir les intérêts de plein droit, l'intérêt légal sera, en matière civile,*

*de cinq pour cent, et en matière de commerce, de six
pour cent.*

Il ne peut s'agir d'épuiser ici la série des raisons
démonstratives invoquées en ce sens. Mon cadre,
surtout ma plume, n'y suffiraient pas. C'est dans les
œuvres des plus célèbres publicistes, voués à la
science de la production et de la distribution de la
richesse, qu'il faut colliger l'ensemble des éléments
de décisions relatives à cette capitale question. Je
me bornerai donc à rappeler, dans sa simplicité, le
syllogisme mathématique sur lequel est fondée ma
conviction.

L'argent est une marchandise ; or la loi reconnaît
aux contractants la faculté de fixer le prix de toute
marchandise ; donc, ils ont le droit de régler con-
ventionnellement le prix de l'intérêt.

Chacune de ces propositions est aussi claire que
le plus clair des axiomes. Il suffit de la moindre
réflexion pour s'apercevoir que si les moyens de
crédit, tels que les lettres de change, ne sont
qu'une monnaie fiduciaire, il en est tout différemment de l'argent monnayé, qui est un véritable
capital, une véritable valeur, à l'égal du fer ou de
l'acier. Puisque l'argent monnayé est un très-réel
capital, puisqu'il constitue un des plus énergiques
agents de production, susceptible de se négocier,
de se louer ou de se vendre, n'est-il pas nécessaire
que le prix de ces négociations, mobile et variable
comme celui des autres marchandises, cède à la

pression de la loi de l'offre et de la demande, et
se détermine par le libre accord des parties contractantes? Le fer est abondant : je le vends vingt-
cinq centimes; rare : ce sera cinquante. De même,
le capital argent afflue : je le prête au taux de
cinq; il devient rare : j'en exigerai six à sept, ou
bien je porterai ce capital ailleurs. Telle était la
pensée si bien exprimée dans ces lignes d'un
regretté professeur :

« Au lieu de me faire associé, je dis : Vous
« voulez produire du drap; soit. Pour cela, il vous
« faut telle ou telle chose que vous n'avez pas, et
« que vous pourrez obtenir avec les cinquante
« mille francs qui sont dans ma caisse. Eh bien, je
« vous les fournirai; mais comme je n'entends rien
« au maniement des affaires commerciales, je ne
« veux pas être associé, je ne veux être que
« prêteur. Est-ce que, comme prêteur, je n'aurai
« pas droit à une part dans le profit? Si vous ne
« voulez pas m'accorder cette part, je garde mes
« cinquante mille francs, vous ne les aurez pas;
« car enfin, si je dois rendre un service, il est juste
« que j'obtienne une rétribution[1]. »

Écoutons cet autre écrivain : « Il s'agit d'un délai,
« et le délai à lui seul est un service spécial, puis-
« qu'il impose un sacrifice à celui qui l'accorde,
« et confère un avantage à celui qui le demande.

---

[1] *OEuvres complètes* de P. Rossi. *Cours d'économie politique*,
4e édition, t. III, p. 256.

« Il y a donc lieu à rémunération, ou il faut
« renoncer à cette loi suprême de la société : *service*
« *pour service.* C'est cette rémunération qui prend
« diverses dénominations selon les circonstances :
« loyer, fermage, rente, mais dont le nom géné-
« rique est intérêt [1]. »

Dans sa brochure offerte aux ouvriers de 1849, et
intitulée *Capital et rente,* le même auteur disait :

« Les deux services dont il est ici question
« s'échangent selon la loi qui gouverne tous les
« échanges : la loi de l'offre et de la demande. Les
« prétentions de Jacques ont une limite naturelle et
« infranchissable. C'est le point où la rétribution
« par lui demandée absorberait tout l'avantage que
« Guillaume peut trouver à se servir d'un rabot.
« En ce sens, l'emprunt ne se réaliserait pas..... Il
« emprunte, donc il gagne à emprunter. »

Avant eux, l'illustre Jean-Baptiste Say avait
écrit :

« En sa qualité de marchandise, la monnaie a
« une valeur courante, qu'on peut si l'on veut
« nommer un prix courant !... »

Et ailleurs :

« Nous avons vu quelles sont les causes naturelles
« qui déterminent le taux de l'intérêt. Les hommes
« ont cru pouvoir le fixer *à priori* en portant des
« lois contre l'usure, et sur ce point le législateur

---

[1] Frédéric Bastiat, *Harmonies économiques*, t. VI, p. 234.

« a même été secondé par une opinion publique
« peu éclairée. Mais la nature des choses, comme
« c'est assez l'ordinaire, a été la plus forte. D'un
« côté, le besoin d'emprunter, et de l'autre l'envie
« de prêter, ont éludé toutes les lois. Il est si facile
« de déguiser le sacrifice que l'emprunteur est
« obligé de faire au prêteur ! Celui-ci ne peut-il pas
« se faire souscrire un engagement pour une
« somme plus forte que celle qu'il a réellement
« avancée [1] ? »

Ces citations pourraient se multiplier à l'infini.
L'unanimité des économistes proclame l'aphorisme
de la liberté conventionnelle du taux de l'intérêt,
parce que cet intérêt est le loyer d'un instrument,
qui, comprend toujours et nécessairement une prime
d'assurance [2].

Malgré ce concours d'opinions, notre législation
garde encore l'empreinte d'un préjugé dont l'historique a souvent été fait [3]. On sait que certains Pères
de l'Église et d'anciens conciles [4] condamnèrent,
au nom de la morale chrétienne, la stipulation
d'une rente dans les contrats du prêt. Cette thèse
procédait d'une inexacte interprétation de la loi

[1] Jean-Baptiste Say, *Cours complet d'économie politique pratique*, t. I, p. 378, et t. II, p. 89.

[2] Baudrillart, *Manuel d'économie politique;* J. S. Mill, *La liberté individuelle;* Léon Faucher, *Mélanges d'économie politique
et de finances.*

[3] Dalloz, *Répertoire général*, vᵒ PRÊTS A INTÉRÊT ET A USURE.

[4] Un des derniers paraît être celui de Pavie, en l'an 850, ca-
non 21.

évangélique, notamment des versets 34 et 35 du chapitre VI de l'Évangile de saint Luc, où Jésus-Christ dit : «..... *Verumtamen diligite inimicos vestros, benefacite et* mutuum *date, nihil inde sperantes.* » Imbus de cette erreur théologique, quelques-uns de nos jurisconsultes et plusieurs de nos souverains se prononcèrent contre le prêt à intérêt [1].

Mais dès l'année 1215, les membres du quatrième concile de Latran adoptèrent un sérieux tempérament, en recommandant aux juifs de stipuler un intérêt *modéré.* Plus tard, Claude Saumaise, suivi dans cette carrière par le Hollandais Gérard Noodt, rectifia la méprise échappée aux casuistes du moyen âge, en montrant que la parole citée de Jésus était un conseil de charité chrétienne, nullement l'interdiction d'un contrat licite. Tel est l'état actuel de la doctrine chrétienne. « Lorsqu'on emprunte de « l'argent pour subvenir à une gêne momentanée, « il est contraire aux sentiments de la charité de « spéculer sur ses besoins ; surtout si le prêt est « modique et que la somme dût sans cela rester « oisive chez le prêteur. C'est en ce sens que l'Église « a, conformément à la loi mosaïque, prohibé « comme usure la stipulation d'intérêts. Si au con-

---

[1] Domat, *Lois civiles,* titre I, T. C.; Pothier, *De l'usure,* n⁰ˢ 57 et suiv. Saint Louis, 1264 ; Philippe III, 1273 ; Philippe le Bel, 1314 ; Philippe de Valois, 1349 ; Louis XII, 1510 ; Charles IX, 1567 ; Henri III, 1576 *et seq.;* Henri IV, 1605 ; Louis XIII, 1629 ; Louis XIV, 1675.

« traire on place un capital chez un autre pour
« s'entretenir soi-même au moyen des revenus, la
« chose est toute différente [1]. »

Dès le début du dix-septième siècle, le chancelier
Bacon avait porté le débat sur le terrain de cette
philosophie expérimentale dont il était le profond
initiateur, et il avait écrit :

« Voici les avantages de l'usure, ou du moins ce
« qui doit l'autoriser. Si l'on ne prêtait point d'ar-
« gent, ou si on le prêtait sans condition, on pour-
« rait le retirer à son gré, et les nouveaux négociants
« ne pourraient s'avancer, parce qu'ils n'oseraient
« rien tenter. Un homme, faute de ce secours, tom-
« berait dans les dernières extrémités tout à coup [2]. »

Ainsi se cimentait l'alliance de la nouvelle théorie
canoniale avec la solution philosophique et l'argument utilitaire. Vaincu par ce dernier aperçu, Colbert fit signer à Louis XIV les deux édits de 1665
et 1679, autorisant, par une réglementation déroga-
toire, des exceptions aux prohibitions portées par
les autres Rois et par lui-même. Le reste est connu :
les dispositions du Code civil semblant incliner vers
le principe de la liberté contractuelle ; — celles de
la loi de 1807 exhumant, au contraire, les entraves
du passé, et limitant arbitrairement les profits du
capital.

[1] *Manuel de droit ecclésiastique de toutes les confessions chré-
tiennes*, par Walter, traduit par M. de Roquemont, 1840.
[2] *Analyse de la philosophie du chancelier François Bacon*, à
Leyde, 1778, t. II, p. 48.

On voit l'évolution de l'esprit humain à travers les dédales de cet immense procès commencé de l'autre côté de l'ère chrétienne, aujourd'hui pendant, et destiné à l'issue finale de la liberté. Le moyen âge a cru, pendant des siècles, à l'immoralité d'un intérêt quelconque ; il l'a proscrit tout à fait [1]. Guéri, mais à moitié seulement, de son erreur, l'esprit moderne, parce qu'il s'était habitué à interdire l'intérêt lui-même, s'est cru autorisé à en tarifer au moins le chiffre. Il n'a pas saisi de prime saut cet écrasant dilemme : ou le profit est illicite, et il le faut prohiber, ou il est moral, et c'est aux ayants droit qu'il appartient de le régler. Mais depuis longtemps la première étape est parcourue ; le jour ne peut plus tarder, qui éclairera la seconde.

Que l'on n'argüe pas de la tentative avortée de 1836 ! Sans doute, malgré les applaudissements décernés à l'orateur, la majorité de la Chambre des députés ne céda pas à la pressante improvisation de M. Lherbette. Mais un échec isolé, vieux de quarante ans, ne saurait être définitif, et l'erreur ne résistera pas toujours aux assauts de la vérité.

Déjà la place offre de nombreuses brèches. Les unes viennent de la jurisprudence, qui enferme la prohibition dans un cercle de plus en plus restreint, en distinguant les intérêts compensatoires des intérêts moratoires, en tolérant le cumul de l'intérêt lé-

[1] Cela est si vrai, que dans les anciens écrivains le mot *usure* est synonyme d'*intérêt*. Voy. Bacon, *loc. cit.*

gal de six en matière commerciale avec les commis-
sions de banque, en refusant la mise en mouvement
de l'action correctionnelle aux parties civiles...

Les autres sont dues au pouvoir central. Dès le
lendemain de sa promulgation, la loi de 1807 ne fut-
elle pas, par décrets, suspendue jusqu'au 1er janvier 1815 ? Première atteinte à la prohibition. L'application de la restriction n'a-t-elle pas été éloignée
de nos possessions africaines par ordonnance du
7 décembre 1835 ? Seconde capitulation. La loi du
9 juin 1857 ne contenait-elle pas la faculté pour la
Banque de France d'élever au-dessus de six pour
cent le taux de son escompte, quand les circonstances
l'exigeraient ? Nouvelle dérogation. Enfin, en 1872,
le gouvernement qui a préparé la libération de
notre territoire, en négociant l'emprunt colossal de
notre rançon, n'a-t-il pas été contraint d'émettre sa
rente à un taux supérieur au tarif légal ? Atteinte
nécessaire à la loi de 1807, et suprême démonstration de son illogisme [1].

---

[1] Il est singulier qu'un esprit aussi aiguisé que celui de M. Rivet se soit prononcé en faveur du système restrictif, et qu'il se soit
déterminé par la pensée que « le taux légal étant à peu près au
« niveau du taux conventionnel qui se serait formé naturellement,
« les emprunteurs solvables ne sont point gênés par les lois exis-
« tantes. » Cette allégation est aujourd'hui démentie par la réalité des faits ; par suite de la recherche de l'argent depuis 1871,
beaucoup de gens ne trouvent plus à emprunter à cinq pour cent,
même sur hypothèque. L'allégation disparaissant, l'argument dis-
paraît aussi ; ce n'est pas par des affirmations, mais par des principes, que cette question veut être résolue. — Quant à M. Batbie,
il n'a point abordé ce problème.

13.

Illogisme, ai-je dit. Tous le confessent. Oui, disent les défenseurs de la réglementation, notre système est arbitraire, car le tarif immobile de la loi n'est jamais d'accord avec les mobiles circonstances des faits ; il est trop fort, ou trop faible, jamais exact. Oui, ce système viole le principe individualiste et blesse le droit de propriété. Oui, encore, il est une loi de *maximum*. — Mais la nécessité sociale exigeait cette mesure d'assistance au profit des emprunteurs.

Hélas ! l'expérience a eu trop tôt raison de ce sophisme suranné ; depuis longtemps elle prouve que cette prétendue protection n'est qu'un leurre : « Ne peut-elle pas, disait M. Lherbette à la Cham-« bre des députés, se réduire à celle dont on acca-« blerait un homme pressé par la faim, à qui l'on « dirait : Tu mourras plutôt que de payer ce mor-« ceau de pain son prix courant, parce que ce prix « est au-dessus de mon estimation [1]. » — Est-ce sérieusement que l'on croit avoir déraciné l'usure, parce que l'on a fait une loi contre les usuriers ? Et est-ce bien une arme de défense sociale que ces articles comminatoires mis aux mains des parquets ? Interrogez les statistiques, et voyez combien de délinquants sont frappés chaque année. En 1868, quatorze ; en 1869, sept ; et en 1870, quatorze indi-

[1] Séance de la Chambre des députés, du 9 mars 1836, *Moniteur universel*, du 10 mars.

vidus ont été convaincus d'usure [1]. Moyenne de
chaque année : un peu moins d'une douzaine de
prévenus condamnés à quelques semaines de prison
ou à quelques francs d'amende ! Tel est le bilan.

Douze usuriers dans toute la France ! Mais tout
département, tout canton, toute cité, grande ou
petite, a le sien ou les siens. Chacun les connaît,
chacun les méprise... Ce qui n'empêche pas le petit
propriétaire aux abois ou le commerçant besoigneux
de se glisser dans leur officine, si le jour du protêt
approche. Tant est humaine cette vérité axiomatique,
que les lois contredites par les mœurs ou par les
phénomènes économiques sont vouées à l'impuissance, et toujours éludées !

Impuissante, la loi de 1807 ne favorise que les
trafiquants marrons, et elle est funeste à la cause
des emprunteurs malheureux qu'elle prétend servir.
Cette fatale mesure est respectée par les honnêtes
gens, qui gardent leur argent plutôt que de la
transgresser, mais elle laisse le champ libre à quelques escompteurs interlopes toujours prêts à l'exploitation d'un pareil monopole. Tant pis pour
l'infortuné marchand qui tombe sous leurs serres !
Protégé par la concurrence des capitaux, il obtien-
drait un taux plus bas ; abandonné à quelque véreux
agent d'affaires, il passera sous ses fourches Cau-

---

[1] *Compte général de l'administration de la justice criminelle en
France pour les années* 1868, 1869, 1870, p. 112 et 110.

dines et payera trente pour cent. On l'opprime ainsi sans le sauver, on aggrave son mal, car « ce qu'il ne peut faire au grand jour » chez le banquier, il le fait « furtivement dans l'arrière-boutique de Shilock [1].»

Et veuillez bien le remarquer : Shilock sera d'autant plus dur que, maître du marché, multipliant à l'envi ses exigences, il stipulera par surcroît une prime contre le risque éventuel de la police correctionnelle, dont il connaît les accès mieux que par ouï-dire. Le remède est dans le mal lui-même, et dès 1836 [2], M. Goupil de Préfeln mettait en lumière cette évidence morale :

« Mais », dira-t-on, « s'il existe maintenant vingt « bourses ouvertes, quand la loi aura tout permis, « il s'en ouvrira cent. C'est précisément ce que doi- « vent désirer tous les hommes qui s'intéressent à la « classe des citoyens au secours de laquelle vous « voulez venir. Plus il y aura de prêteurs, plus il y « aura de concurrence, et cette concurrence n'aura « pas d'autre effet que d'abaisser le taux de l'intérêt ; « et, en effet, elle est d'autant plus infaillible que « lorsque la loi aura permis la liberté des conven- « tions, les honnêtes gens pourront se présenter en « concurrence avec les usuriers, qui, violant les lois « du pays comme celles de l'humanité, prélèvent « des gains odieux sur les besoins du pauvre et les « extravagances du dissipateur. »

---

[1] Jules Simon, *La liberté civile*, p. 263.
[2] Même séance, même *Moniteur*.

En répudiant ce fâcheux système de réglementation, nous ne nous engagerions pas pour cela dans
les sentiers inexplorés de l'utopie! Nous revien-
drions tout simplement à l'exemple de nos devanciers, comme à celui de diverses autres nations. Un
décret du 6 floréal an III (25 avril 1795) déclara
que l'or et l'argent étaient une marchandise; une
loi du 5 thermidor an IV proclama qu'à l'avenir chaque citoyen serait libre de contracter comme bon
lui semblerait, et prescrivit que les obligations ainsi
souscrites seraient exécutées dans les termes et
valeurs stipulés.

Nos voisins les Anglais ont, par des statuts récents, autorisé la stipulation d'intérêts illimités,
toutes les fois que l'emprunt n'est pas l'objet d'une
garantie immobilière et qu'il dépasse une valeur de
dix livres sterling [1]. Il en est de même en Norvége,
quel que soit le capital, pourvu que le terme n'ex-
cède pas six mois [2]. En Prusse, le taux des intérêts
des capitaux non hypothéqués est subordonné au
libre accord des parties [3]. La loi danoise permet,
dans divers cas, d'établir un taux supérieur au tarif
légal [4].

Ces dispositions légales offrent encore certaines
défectuosités, mais elles sont plus près de la logique

[1] Art. 865.
[2] Loi norvégienne du 6 septembre 1845.
[3] Art. 804 à 810.
[4] Art. 454.

et de la vérité que les nôtres. Il suffirait de l'intervention insistante de quelqu'une de ces savantes associations, si nombreuses aujourd'hui, il suffirait surtout du suffrage éclairé de cette *Académie des sciences morales et politiques,* toujours prête à la recherche et à la solution des plus intéressants problèmes sociaux, pour porter le coup décisif à une erreur qui a trop longtemps vécu. Quant à moi, je croirai toujours avec l'orateur de 1836 et je répéterai après lui : « En cette matière, comme presque « partout, c'est la protection qui tue, et la liberté « qui vivifie [1]. »

[1] M. Lherbette, *loc. cit.*

XVIII

On lit dans le Code du royaume de Danemark :

« Article 514. Le gage stipulé reste *entre les*
« *mains du propriétaire.* »

« Article 518. L'acte qui établit l'existence de ce
« gage doit être signé par le débiteur en présence
« de deux témoins......; *il sera ensuite lu en jus-*
« *tice à la première ou seconde audience.* » (Ordonnance danoise du 28 juillet 1841.)

Notre Code civil dispose au contraire :

« Article 2076. Dans tous les cas, le privilége ne
« subsiste sur le gage qu'autant que ce *gage a été*
« *mis et est resté en la possession du créancier,* ou
« d'un tiers convenu entre les parties. »

La différence entre les deux systèmes est sensible,
et à part l'intervention des deux témoins, la supériorité juridique appartient à la loi danoise, plus
récente, du reste, que la nôtre. Le nantissement,
c'est-à-dire le crédit par le gage mobilier, varie,
en effet, avec les temps comme avec les milieux.
Matériel au début, il doit devenir symbolique dans

les législations en progrès; l'article 518 précité, organique de la tradition feinte par la lecture en justice, est entré dans cette voie.

Assurément la nécessité d'avertir les tiers est indubitable. Mais si la perte de la possession par le maître est effective, il en découle un dommage permanent, le débiteur n'ayant plus l'usage et les profits de la chose, et le gagiste ne les ayant pas davantage. Bref, deux inconvénients sont à craindre : la clandestinité, qui inspire aux tiers une sécurité trompeuse; la dépossession positive, qui frappe de stérilité les effets engagés. Mais l'idéal de naviguer sans heurt entre ces deux écueils peut être réalisé.

Ainsi ont déjà fait nos législateurs pour les matières commerciales. La création des magasins généraux, et des prêts sur warrants, due à deux décrets de 1848 et à une loi du 28 mai 1858, a permis aux négociants d'obtenir, au moyen d'un simple endossement, et sans aucun déplacement des marchandises consignées dans des docks, un crédit corrélatif à ces valeurs. La loi plus récente du 23 mai 1863 a marqué un nouveau pas en avant dans cet ordre d'idées.

C'est là un évident progrès, dont les intérêts commerciaux ne devraient pas avoir le monopole. Je demande donc que les relations civiles, dans la sphère et avec les tempéraments qui leur compètent, bénéficient de mesures similaires [1]. C'est en vain

[1] Cf. Rivet, *Op. cit.*, p. 470.

que l'on a écrit que « le contrat de nantissement est « rarement, entre particuliers non négociants, « l'auxiliaire d'affaires considérables. » Cette appréciation est fort exagérée. Au contraire, les services que ce genre de contrats peut rendre à certaines classes de citoyens sont considérables. Le père de famille, l'artisan, l'artiste y ont recours. L'agriculteur lui-même, mis soudainement en face d'une lourde dépense, peut chercher dans l'engagement de son bétail d'exploitation, ou de ses récoltes proches de la maturité, le moyen légitime de battre monnaie. Mais l'exigence juridique d'une dépossession matérielle le place dans une douloureuse impossibilité.

C'est à de pareilles situations qu'ont si bien pourvu les rédacteurs du Code étranger cité plus haut. Le gage fictivement conféré reste aux mains du débiteur, qui continue d'en tirer parti; mais la diminution de son patrimoine est signalée au public par la lecture à l'audience. M. Batbie[1], frappé aussi de l'embarrassant mécanisme de notre Code, propose d'appliquer à la France continentale le régime réservé à nos colonies par les articles 8 et 9 de la loi du 11 juillet 1851 :

« Article 8. Tous actes ayant pour objet de con- « stituer des nantissements par voie d'engagement, « de cession de récoltes, de transport ou autrement,

---

[1] *Op. cit.*, p. 153.

« au profit de banques coloniales, et d'établir leurs
« droits comme créanciers, seront enregistrés au
« droit fixe de deux francs. »

« Article 9. Les receveurs de l'enregistrement
« tiendront registre : 1° de la transcription des actes
« de prêt sur cession de récoltes pendantes, dans
« la circonscription de leurs bureaux respectifs ;
« 2° des déclarations et oppositions auxquelles ces
« actes pourront donner lieu. »

L'auteur ajoute à ce sujet : « Il y a chez nous des
« receveurs de l'enregistrement, comme aux co-
« lonies, et par conséquent les formalités de la loi
« sur les banques coloniales pourraient être géné-
« ralisées. »

L'appréciation est exacte ; elle ne laisse plus place
qu'à une question secondaire de procédure. Lequel
vaut mieux de ces deux moyens de publicité : la
lecture au tribunal créée par la loi danoise, ou bien
la transcription sur les registres de l'enregistrement
organisée par notre loi coloniale ? J'avoue mes préférences pour le premier, parce qu'il est plus conforme à nos habitudes judiciaires. Déjà notre Code
se l'est approprié en cas de séparation de biens, de
saisie, etc., en le fortifiant par celui d'une insertion
dans les journaux locaux. Ainsi devrions-nous
décider en matière de nantissement.

Quels que soient, au surplus, les respectifs avantages de ces systèmes de publicité, il est désormais
une vérité certaine, c'est qu'une place doit être

réservée dans notre Code à la constitution du nantissement par tradition feinte.

Une autre innovation, qui vient se ranger sous le
même titre, a été indiquée depuis longtemps par
divers écrivains. Elle a trait à l'article 2078, ren-
fermant deux dispositions qu'il faut se garder de
confondre. L'une prohibe toute clause en vertu
de laquelle, par le fait même du non-payement à
l'échéance, le créancier deviendrait propriétaire de
l'objet donné en nantissement. L'autre oblige ce
dernier, pour réaliser le gage, à en faire ordonner
la vente ou l'attribution en justice, et interdit aussi
toute convention exclusive de ces formalités.

M. Batbie condamne la première de ces restrictions comme contraire à la liberté des contrats. Le
respect de ce primordial principe doit-il aller jusqu'à la sanction des conventions léonines qui
attribueraient à vil prix, en dehors du libre consentement du débiteur, la propriété définitive de la
chose au créancier? Il est évident que le premier,
subissant sans merci la loi du second, signerait
toujours cette insidieuse clause, destinée à devenir
de style. C'est au législateur qu'il appartient de ba-
lancer ces raisons opposées et de se rappeler que la
prohibition actuelle de notre droit est un souvenir
de la loi romaine exclusive du pacte commissoire,
comme elle est un reflet des dispositions identiques
de presque tous les Codes étrangers.

Il en est tout différemment de l'autre portion de

l'article 2078 : l'échéance arrive, le payement
n'a pas lieu, la vente aux enchères, après avertissement au débiteur, devrait aller de droit. Point du
tout! Malgré l'absence de litige, et en dépit de l'évidence de la situation, il faut un procès quand
même, et un jugement au bout. Huissiers, avoués,
avocats, greffiers, magistrats, chacun est requis d'y
concourir, et parce qu'il y a disette de fonds, il
faut commencer par exposer de nouveaux frais.
Là encore les réformateurs formulent d'insistantes
critiques, et je m'associe sans réserve à leurs justes
revendications [1]. Là aussi, les lois étrangères nous
donnent un sage exemple. Celles de l'Amérique du
Sud [2], de l'Angleterre [3], du Danemark [4], de la Norvége [5], de la Suède [6], de la Serbie [7], de l'Argovie [8],
du canton de Lucerne [9], ont autorisé les parties à
s'affranchir des formalités judiciaires, et à s'accorder sur la mise en vente aux enchères de l'objet
engagé, après mise en demeure au débiteur en
retard de payer. C'est dans ce sens qu'a disposé
l'article 1201 du Code néerlandais, ainsi conçu :

« Il est loisible aux parties de convenir par une

---

[1] Cf. Rivet, *Op. cit.*, p. 470. ; Batbie, *Op. cit.*, p. 163.
[2] Article 182.
[3] Article 965.
[4] Article 523.
[5] Article 322.
[6] Article 2.
[7] Article 312.
[8] Article 615.
[9] Article 367.

« clause expresse qu'à défaut de payement, le créan-
« cier aura irrévocablement le droit, après une som-
« mation faite au débiteur, de faire vendre publi-
« quement le gage, suivant les usages locaux et les
« conditions usitées, pour, sur le produit, se payer
« de la créance, ensemble des frais et intérêts. »

Telle est la règle qu'il serait nécessaire de substituer dans notre Code civil à de frustratoires formalités. Elle y a déjà été introduite au profit des monts-
de piété, dont le mécanisme fonctionne régulière-
ment. Je me demande pourquoi il y aurait à ce
sujet deux poids et deux mesures, et je ne puis
apercevoir une objection sérieuse contre la généralisation de cette mesure d'équité et de raison.

XIX

TITRE DIX-HUITIÈME.

DES PRIVILÉGES ET DES HYPOTHÈQUES.

Le régime hypothécaire touche à la plupart des questions du droit privé, comme à presque toutes les sources de la prospérité nationale. Capacité des personnes, sécurité des capitaux, protection des incapables, circulation de la richesse, crédit territorial, rien n'échappe à l'influence de ce puissant levier. Embrasser les horizons sans bornes d'un aussi vaste régime serait tenter ici une exploration sans limites; ce serait, en tout cas, dépasser les proportions de cette simple étude. Je saurai demeurer dans une plus humble voie. Laissant de côté les innovations trop hardies ou trop doctrinales, je rappellerai, dans six alinéas, les réformes essentielles que la pratique réclame avec la plus légitime impatience. La méthodique division qui suit est, du reste, presque entièrement calquée sur celle des trois volumes publiés en 1844 sous la savante impulsion de M. le garde des sceaux, Martin (du Nord), reprenant à son tour la féconde pensée de Casimir Périer, et intitulés *Documents relatifs au régime hypothécaire et aux réformes qui ont été proposées.* On sait que les conclusions pratiques de cette vaste enquête, édifiée au sein des Cours d'appel et des Facultés de droit, allaient être traduites en lois par les soins de la commission législative de 1850-1851, lorsque l'acte violent du 2 Décembre supprima et le projet et ses rédacteurs [1]. Une faible portion des résolutions recommandées par les Cours et par les Facultés, relativement à la transcription des actes translatifs de droits réels et à la cession des droits des femmes mariées, ont trouvé place dans la loi défectueuse du 23 mars 1855 [2]. Mais la plus grande partie des améliorations signalées à l'égard des priviléges et des hypothèques proprement dits attendent encore un législateur.

§ 1er. *Classification des priviléges.*

L'œuvre des rédacteurs du Code civil est, à ce point de vue, restée inachevée. S'ils ont gradué les priviléges généraux, et s'ils ont édicté l'ordre d'exercice des divers priviléges sur les immeubles, ils ont observé un silence complet :

Sur la concurrence entre les priviléges généraux sur tous les meubles, et les priviléges spéciaux sur certains meubles ;

[1] Cf., dans le rapport de M. de Vatimesnil, déposé à la séance de l'Assemblée du 25 avril 1850 (*Moniteur universel* du 26 avril), les vingt innovations proposées.

[2] Cf., *suprà*, p. 165.

De même, sur les concours entre les divers ordres de priviléges spéciaux;

De même encore, sur le conflit entre les priviléges du fisc et ceux du droit commun.

De là, des difficultés incessantes devant les tribunaux. — Le mobilier du défunt a été vendu à l'encan pour une somme très-inférieure à ses dettes. Immédiatement, le domestique, invoquant l'article 2101, réclame la préférence pour ses gages. Mais le propriétaire lui opposant l'article 2102, prétend à la priorité pour ses loyers. Lequel l'emportera?... Puis voici le boulanger ou le médecin qui revendique la première collocation, et qui trouve sur son chemin l'aubergiste ou le voiturier : encore un nouveau débat!... Enfin, M. le directeur des domaines, armé du décret du 4 germinal an II, les agents des contributions indirectes, couverts par celui du 1er germinal an XII, le percepteur des contributions directes, s'étayant sur la loi du 12 novembre 1808, vont se trouver en présence du boucher ou de la fabrique, du gagiste ou du marchand de semences : auquel adjuger les fonds disponibles? Le Code n'a posé aucune règle, et la chicane restera maîtresse du terrain, jusqu'à ce qu'elle en soit chassée par la souveraine prescription d'une loi nouvelle, qu'il est urgent de promulguer [1].

_____

[1] Cf. le tableau des décisions contradictoires intervenues sur ces questions, et colligées aux Codes annotés de Sirey et au supplément du même ouvrage, sur l'art. 2104 du Code civil.

En concluant ainsi, je me sépare avec énergie de l'opinion émise par la minorité des Cours; l'une surtout exprimait l'avis formel qu'il valait mieux *laisser faire au juge* dans chaque espèce particulière, parce que, s'il se trompe, un tribunal supérieur peut souvent le redresser.

Une pareille doctrine est en complet désaccord avec notre génie national comme avec nos mœurs judiciaires. L'avantage des législations codifiées, c'est de définir avec précision le rôle du juge; c'est de lui laisser l'interprétation rationnelle, mais de lui interdire toute option arbitraire. *Optima lex quæ minimum judici*, telle est la devise de nos législateurs; telle est celle de nos magistrats. Consultez les commissaires aux distributions (j'en parle par expérience), et demandez-leur ce qu'ils préfèrent : de la règle préfixe qui inspire leur travail et couvre leur responsabilité, ou du pouvoir dangereux qui, troublant leur conscience, paraît les conduire à l'acception des personnes. Aucun n'aura d'hésitation, tous appelleront de leurs vœux la disparition d'une pareille lacune.

Telle était, du reste, l'appréciation exprimée par la plupart des corps judiciaires et des assemblées de professeurs consultés en 1844. Frappés des incertitudes de la jurisprudence, et déplorant la multiplicité des litiges encouragés par cette disparité de décisions, ces grandes compagnies revendiquaient dès cette époque la promulgation de dispositions

14.

légales. « C'est le silence de la loi qui a créé la plu-
« part des embarras », disait la Faculté de droit de
Rennes. « Quand le législateur aura prononcé, en
« prenant pour guide la nature des causes de préfé-
« rence ou la faveur qui s'attache plus ou moins à
« chaque créance, peut-être n'obtiendra-t-il pas un
« assentiment général sur tous les points, mais il
« aura tari la source de nombreux procès [1]. »

Dans leurs divers essais de coordination des priviléges, les Cours et Facultés n'ont pas toutes abouti
à un centre commun. Les unes ont préféré les généraux aux spéciaux; d'autres, les spéciaux aux généraux. D'autres ont conseillé un système mixte, présentant les inconvénients de la complexité. C'est
ainsi que les magistrats de Metz dressaient un tableau ne comprenant pas moins de *cinq catégories*
fort compliquées [2]. Leur conception attestait une
étude des plus approfondies; mais ne pourrait-on
pas leur reprocher d'avoir perdu de vue cette grande
condition de simplicité, qui est l'élément vital de
toute loi?

La simplicité doit devenir le trait dominant de
la classification entreprise. En l'essayant à mon
tour, je ne cède pas à l'orgueilleuse pensée d'en in-
venter une de toutes pièces. Celle que je vais noter
est la résultante de diverses opinions fondues les

[1] *Documents relatifs au régime hypothécaire*, t. II, p. 149.
[2] *Id., ibid.*

unes dans les autres. La méthode dont elle découle
est toute contraire au procédé radical de M. Rivet [1], qui demande l'abolition absolue de tous les
priviléges généraux comme « conforme à une saine
« économie publique ». Résoudre ainsi le problème,
ce n'est pas dénouer le nœud gordien, c'est le trancher par un coup de force; c'est frapper au cœur
l'humanité. N'est-ce pas, en effet, au nom de la
plus évidente équité que tous les légistes ont défendu
les priviléges attachés à ces créances d'une importance peu considérable, « qui représentent des ser-
« vices indispensables aux familles [2] »? L'aperçu de
certains auteurs, opposant sans cesse l'économie politique à l'équité, ne saurait être le mien. La saine
économie sociale et la véritable justice ont inspiré
au législateur les moyens de crédit de l'article 2101;
elles sont d'accord pour les maintenir au premier
rang [3].

Je n'en dirai pas autant des immunités du Trésor. A part l'impôt personnel et mobilier, qui est
comme la prime de notre existence civique, les autres priviléges du fisc, en tant qu'ils l'emportent sur
ceux du droit commun, ont paru exorbitants à la
très-grande majorité des Cours et des Facultés. Ils
le sont en effet. « Ces différentes régies ont des

---

[1] *Op. cit.*, p. 480.
[2] Aubry et Rau, *Cours de droit civil français*, t. III, p. 133,
2e édition.
[3] Cf. art. 2097 et 2102 du projet de loi de 1850.

« employés qui sont actifs et soumis à une serveil-
« lance sévère, en sorte que rarement les redevables
« sont sous le poids d'un arriéré important[1]. Il se-
« rait convenable de soumettre à un sérieux examen
« tous les priviléges du fisc et d'en arrêter la classi-
« fication non d'après les besoins plus ou moins
« urgents du fisc, mais d'après le degré de faveur
« de chaque créance, afin que, ainsi que le porte l'ar-
« ticle 2095, entre les créanciers privilégiés, la
« préférence se règle par les différentes qualités des
« priviléges[2]. Le Trésor public devrait-il primer les
« frais funéraires et de dernière maladie? La Cour ne
« le pense pas; elle croit que le législateur, mettant
« toute préoccupation à part, devrait changer un
« état de choses qui blesse les premières notions de
« l'équité[3]. »

L'ensemble des considérations qui précèdent m'a
paru conduire au classement suivant :

Première catégorie. — PRIVILÉGES GÉNÉRAUX DE
PREMIER RANG SUR TOUS LES MEUBLES ET TOUS LES
IMMEUBLES :

1°, — 2°, — 3°, — 4°, — 5°, comme dans l'article 2101 ; — 6° contributions personnelles et mobilières.

---

[1] *Documents relatifs au régime hypothécaire,* Cour de Dijon,
t. II, p. 32.

[2] *Documents relatifs au régime hypothécaire,* Cour de Poitiers,
t. II, p. 89.

[3] *Documents relatifs au régime hypothécaire,* Cour de Rennes,
t. II, p. 94.

Deuxième catégorie. — PRIVILÉGES SPÉCIAUX SUR CERTAINS MEUBLES ET SUR CERTAINS IMMEUBLES :

1°, — 2°, — 3°, — 4°, — 5°, — 6°, — 7°, comme dans l'article 2102, d'après l'ordre des possessions, et après collocation des ayants droit de la première catégorie.

Troisième catégorie. — PRIVILÉGES GÉNÉRAUX DE SECOND RANG SUR LES MEUBLES ET IMMEUBLES :

Tous les priviléges conférés au fisc par des lois spéciales, par concurrence entre eux, et après collocation des ayants droit de la première et de la seconde catégorie.

Cette nomenclature est simple, facile à appliquer. Je la crois équitable, parce qu'elle assure la première place à l'ordre moral, c'est-à-dire aux droits de la pitié et de l'humanité ; la seconde, à la raison juridique de la possession ; la troisième enfin, aux exigences financières. Sans doute elle n'est pas parfaite ; elle est du moins rationnelle et complète. Ce que j'ai voulu, en la formulant, c'est démontrer qu'il n'est pas impossible de découvrir une solution à peu près satisfaisante. Ce que je tiens surtout à établir, c'est la nécessité d'une addition légale aux articles existants.

Tout en ayant des racines dans le droit naturel, les priviléges sont principalement une création du droit positif ; c'est à des textes positifs qu'il faut demander le complément d'une pareille institution.

§ 2. *Des biens susceptibles d'hypothèques.*

Le 16 juin 1612, la grand'chambre du parlement de Bordeaux rendait un arrêt déclarant « *qu'au regard des hypothèques et de la suite d'icelles,* « *un navire doit être considéré comme immeuble.* »

Le 19 mars 1804, le Corps législatif (inspiré plutôt de l'ordonnance de 1681 que de l'arrêt de 1612), votait l'ensemble du projet de loi sur les priviléges et hypothèques, y compris la disposition suivante : « Article 2118. Seront seuls susceptibles d'hypothèques : 1° les biens immeubles... 2° l'usufruit de ces mêmes biens..... »

Lequel de ces deux monuments reflétait le mieux les besoins commerciaux ? La pratique journalière démontre que, par une rare bizarrerie, le dix-neuvième siècle est, à cet égard, en retard sur le dix-septième. La loi moderne, qui interdit l'hypothèque des bâtiments de mer, fait échec aux intérêts les plus légitimes du négoce. L'armateur, privé de quelques capitaux nécessaires au succès de son entreprise, cherche en vain dans la valeur de son navire un moyen de crédit. Les bailleurs de fonds iraient à lui, nombreux et empressés, s'il pouvait, soit l'hypothéquer, soit le constituer en gage. Mais les entraves du Code le frappent d'impuissance et le menacent de ruine. L'hypothèque lui échappe, car le bâtiment n'est pas immeuble [1]; le nantissement

_____
[1] Code civil, art. 2118 et 531.

est impossible, parce que la tradition du gage est incompatible avec sa destination[1]. Quel parti désespéré s'impose alors à ce négociant? Le voilà contraint d'opter : abandonner à vil prix, par une aliénation inopportune, la propriété de sa chose, ou bien masquer, sous une vente fictive et en échange d'une contre-lettre, l'hypothécation de son bâtiment.

En fait, personne n'ignore que ce dernier moyen est d'un usage constant dans nos diverses places de commerce maritime. Chaque jour la loi est éludée, violée par conséquent, et de fréquents litiges révèlent aux tribunaux les ventes simulées qui se consomment en pareil cas. « On comprend qu'un « semblable procédé, moralement fâcheux d'abord, « comme toute fraude à la loi, entraîne en outre, « en fait, un grand nombre d'embarras et de diffi- « cultés[2].

La conséquence d'un pareil état de choses est éclatante. Il faut plier la loi aux impérieuses nécessités des affaires. En un mot, il faut organiser législativement l'hypothèque maritime, en ajoutant à l'article 2118 du Code civil un troisième paragraphe ainsi conçu : « *Seront encore susceptibles d'hypothèque les navires et bâtiments de mer.* » En définitive, les navires sont choses de haute importance; leur grande valeur en fait un puissant instrument de crédit. Chacun d'eux a son état civil tracé offi-

---

[1] Code civil, art. 2076.
[2] Breulier, *Le XIXe siècle*, n° du 1er novembre 1872.

ciellement sur les registres des douanes, et coté commercialement sur ceux du « Veritas ». Tous doivent donc être susceptibles d'hypothèques.

Quant aux voies et moyens, c'est affaire de forme et de procédure. Les conditions nécessaires sont l'établissement d'une publicité sérieuse, la précision du rang, et l'énonciation des causes déterminantes.

Il semble que le projet de loi déposé en ce sens par plusieurs membres de l'Assemblée nationale de 1871, et dont l'un des signataires est M. Babin-Chevaye, député de la Loire-inférieure, répond à ces besoins. L'un des principaux articles confie l'inscription et la conservation des hypothèques maritimes aux soins des receveurs des douanes. L'exclusion en cette matière spéciale de toute hypothèque légale ou judiciaire, le droit réservé au propriétaire d'engager son bâtiment même en cours de voyage, au moyen de mentions portées à l'acte de francisation, la faculté pour lui de libeller ces engagements par de simples actes sous seing privé, font de ce projet une œuvre des plus sérieuses. Espérons qu'il est destiné aux honneurs de l'adoption législative, et qu'il doit un jour consommer une réforme non pas utile, mais véritablement indispensable.

§ 3. Hypothèques légales.

L'hypothèque légale, *dispensée d'inscription,* des femmes, des mineurs et des interdits, constitue, dans l'état de nos mœurs une institution de première nécessité. C'est la plus légitime et la plus efficace protection des incapables ; c'est la logique revanche et l'équitable compensation de leur incapacité civile. Sur ce terrain, il faut se défier des conceptions individuelles, et savoir s'en rapporter aux leçons de l'expérience. Chacun sait combien fut décisive l'épreuve de la loi de l'an VII, subordonnant la garantie hypothécaire des incapables à la condition de l'inscription. « A l'égard des femmes, « disait en 1804 Bigot de Préameneu, la réclama-« tion est générale en leur faveur ; l'expérience a « appris que non-seulement à l'époque du change-« ment de la loi de l'an VII, mais encore depuis « que le système nouveau est en pleine activité, « cette classe, formant une partie considérable de « la société, a été en grande partie dépouillée de « ses biens. » Espérons qu'aucune Assemblée ne réitérera l'aventure. La commission de 1850 y inclina un instant, mais elle se renferma ensuite dans le judicieux amendement des députés Gaslonde et Demante, devenu plus tard l'article 8 de la loi du 23 mars 1851 [1]. Cette disposition restreint le bénéfice de l'hypothèque légale ; mais, dans cette

---

[1] « Article 8. Si la veuve, le mineur devenu majeur, l'interdit « relevé de l'interdiction, leurs héritiers ou ayants cause, n'ont « pas pris inscription dans l'année qui suit la dissolution du ma-« riage ou la cessation de la tutelle, leur hypothèque ne date, à « l'égard du tiers, que du jour des inscriptions prises ultérieure-« ment. »

mesure, elle en a été une nouvelle consécration. L'objection empruntée à de prétendues considérations économiques n'est que spécieuse. Ceux qu'elle influence ont le tort d'examiner un seul côté de la question. Arrêter certains acquêts ou certains emprunts, c'est sans doute parfois enrayer le crédit; mais sacrifier le patrimoine des femmes, des mineurs, c'est porter un coup bien plus rude encore à la fortune publique, en dédaignant la maxime romaine : *Reipublicæ interest mulieres dotes salvas habere.* Il faut donc savoir opter, et opter pour le maintien des vrais principes.

Si l'hypothèque occulte des incapables doit être maintenue‘, elle ne doit l'être que pendant la durée et dans la mesure de leur incapacité. Il est de toute justice de la faire rentrer dans ce cadre infranchissable, et de la limiter plus sévèrement que n'ont su le faire les rédacteurs du Code civil. Les législateurs du second Empire, en émettant la disposition précitée, sont restés en chemin, trop oublieux qu'ils se sont montrés des autres moyens de restriction résumés dans l'enquête de 1844. Je rappelle ici ces moyens et quelques autres, qui me paraissent très-dignes de l'attention des légistes.

1° Les effets de l'hypothèque légale doivent partir seulement de la célébration de l'union, et non de la rédaction du contrat de mariage.

On connaît l'antinomie relevée entre le texte des articles 1399 et 2135 d'une part, 2194 et 2195 d'autre part. Cette controverse est à éteindre, et la résolution proposée est la seule logique. La rétro-activité de l'immunité légale à une époque anté-rieure à l'état conjugal blesse la raison, en plaçant l'effet avant la cause. Elle ouvre la porte aux fraudes les plus redoutables, et doit être écartée.

2° La femme séparée judiciairement de corps et de biens serait obligée, à peine d'être privée de son rang, de prendre inscription dans l'année qui suivra le prononcé en jugement.

En ce cas, le motif générateur de la dispense s'évanouit avec le dilemme qui plaçait l'épouse entre son intérêt personnel et la paix conjugale. Soustraite à l'influence de son mari, elle doit subir la commune loi, et c'est désormais à elle de se défendre.

3° Relativement aux créances paraphernales, l'existence de la garantie hypothécaire serait subor-donnée à l'inscription.

La suppression de l'incapacité appelle logique-ment la suppression de l'immunité. La Cour de Paris disait avec raison :

« En voulant être libre, la femme s'est crue en « état de veiller à ses droits ; s'il arrive qu'elle ait « à se plaindre d'avoir abdiqué la tutelle que la « loi lui offrait, les suites de son imprudence ne « doivent nuire qu'à elle ; serait-il juste que les « tiers de bonne foi, qu'elle a laissés dans l'igno-

« rance de ses droits, fussent victimes de sa négli-
« gence [1]? »

4° Malgré le refus de la femme de consentir à la
réduction de son hypothèque légale démontrée
excessive, le tribunal pourrait ordonner cette réduction.

Aujourd'hui l'article 2144 subordonne le bénéfice du dégrèvement au consentement de la femme ;
sa plus malicieuse résistance ne peut être vaincue.
N'y a-t-il pas là une iniquité ? Pourquoi abandonner
au caprice de celle-ci l'exercice d'un droit légitime ?
L'avis des parents et la sanction de l'autorité judiciaire, explications données par l'intéressée, suf-
fisent manifestement.

5° L'hypothèque judiciaire non suivie de réalisation se trouverait périmée au bout de deux années.

Le premier projet de la commission de 1850
proposait la suppression absolue. Cette révolution
radicale, et par conséquent inique, n'est pas à
adopter. D'un autre côté, le régime actuel des
inscriptions judiciaires, aussi étendues et aussi
durables que les hypothèques légales, ne saurait
être maintenu, parce que leur permanence est un
trouble perpétuel au crédit. Entre les deux systèmes un compromis est indispensable, et celui
proposé plus haut semble le plus rationnel.

6° Les créanciers hypothécaires seraient autorisés,

---

[1] *Documents relatifs au régime hypothécaire*, t. II, p. 325.

de même que les acquéreurs d'immeubles, à purger les hypothèques légales.

Je résumerai dans un paragraphe postérieur les motifs qui justifient cette mesure. Elle serait à mes yeux un décisif argument pour désintéresser la plus grave objection tentée contre le système occulte des hypothèques légales. C'est au même ordre d'idées que se rattache une dernière proposition, dont l'effet serait moins de restreindre l'hypothèque en elle-même que d'en corriger, dans l'intérêt des tiers, les premiers abus.

7° Serait assimilé au délit d'escroquerie le fait des maris ou tuteurs qui auront consenti ou laissé prendre des priviléges ou des hypothèques sur leurs immeubles, sans déclarer expressément l'existence d'une hypothèque légale préexistante.

Il y a bien longtemps que l'on a signalé le vice de l'article 2136, § 2, qui se borne à décréter quelques jours d'emprisonnement civil contre le stellionataire. Depuis la loi de 1867, abolitive de la contrainte par corps, la peine, déjà insuffisante, a totalement disparu, et une scandaleuse impunité est assurée à de pareils méfaits. Pourtant le stellionataire est, suivant l'énergique expression d'une Cour, « un véritable voleur[1] ». Pour ma part, je ne réussis point à le distinguer de l'escroc. L'appréhension d'une lourde peine correctionnelle, signalée

---

[1] Nîmes, *Documents relatifs au régime hypothécaire*, t. II, p. 305.

par le notaire au moment de la constitution hypothécaire, en arrêterait plus d'un, et le crédit
public y trouverait un sérieux correctif des dangers
de l'hypothèque occulte.

§ 4. *Formalités de l'inscription.*

La disposition légale énumérative des mentions
à porter dans les bordereaux d'inscription, est,
depuis soixante ans, le champ clos des plus
nombreux tournois judiciaires. Le procureur général Merlin pensait avoir découvert un *criterium*
parfait, en distinguant les mentions principales et
substantielles de celles qu'il appelait accidentelles
seulement. Mais c'était déplacer la question sans la
résoudre définitivement. Quelles sont les indications
essentielles; quelles sont les secondaires? La jurisprudence a été impuissante à dénouer ce nouveau
problème. C'est ainsi qu'elle assigne tantôt la première, tantôt la seconde qualification à la formalité
de l'élection de domicile [1]. Il en est de même de
l'indication de l'époque de l'exigibilité de la créance [2].
Ainsi encore de la désignation des biens [3]. En pré-

[1] Nîmes, 31 juillet 1849 (D. P., 1849. 2. 669); Paris, 8 juillet 1852 (D. P., 1853. 5. 257); Cass., 26 juillet 1858 (D. P.,
1858. 1. 354.) — *Contrà*, Limoges, 10 décembre 1845 (D. P.,
1847. 2. 109); Aix, 8 mars 1860 (D. P., 1860. 2. 773.); Cass.,
14 janvier 1863 (D. P., 1863. 1. 101).
[2] Cass., 6 décembre 1844 (D. P., 1845. 1. 16.) — *Contrà*,
Cass., 9 août 1832 (D. P., 1832. 1. 352).
[3] Cass., 15 juin 1845 (D. P. A., 9. 208.) — *Contrà*, Cass.,
19 février 1828 (D. P., 1828. 1. 138).

sence de cette diversité, M. Troplong s'écriait :
« Rien n'est plus variable que la jurisprudence de
« cette Cour. En cette matière, elle n'a aucun sys-
« tème arrêté ; elle donne tour à tour raison aux
« doctrines les plus contradictoires ; il n'y a pas
« d'opinion qui ne puisse s'étayer de quelques-uns
« de ces arrêts, en sorte que celui qui se laisserait
« guider par sa marche arriverait à une confusion
« dont je défie qu'il pût se tirer [1] ».

L'urgence d'une réforme n'est plus à démontrer.
Son but serait de restreindre les causes de déchéance, et de prescrire seulement les formalités
indispensables pour avertir les tiers. Ce but ne
serait-il pas atteint par cette nouvelle rédaction de
l'article 2148, recommandée par un grand nombre
de Cours d'appel et de Facultés de droit :

« § 1er. *Les bordereaux devront désigner expressé-*
« *ment ou par équipollents :*

« 1° *L'identité du créancier, lequel, en cas de*
« *silence du bordereau, sera réputé avoir fait élec-*
« *tion de domicile au greffe du tribunal de l'arron-*
« *dissement ;*

« 2° *L'identité du débiteur ;*

« 3° *L'évaluation en chiffres du capital et des acces-*
« *soires garantis, à l'exclusion de toute indication*
« *vague pour mémoire, ou sauf à augmenter ;*

« 4° *La nature spéciale et la situation déterminée*
« *des biens ;*

[1] *Traité des priviléges et des hypothèques*, n° 669.

« 5° *La date et la nature du titre*.

« *§ 2. Les bordereaux ne seront annulés que dans*
« *le cas où l'inscription aurait trompé les créanciers*
« *postérieurs en ne faisant pas connaître suffisamment*
« *le créancier, le débiteur, la dette ou le bien grevé*[1]. »

§ 5. *Renouvellement de l'inscription*.

Le nouvel article 2180 du projet de 1850 portait :

« L'hypothèque n'est pas susceptible de prescrip-
« tion, indépendamment de la prescription de
« l'obligation principale. »

Cette résolution, destinée à corriger l'anomalie de
la disposition actuelle, qui soumet l'inscription à
une péremption de dix ans, en laissant subsister la
créance principale pendant trente années, est une
des plus précieuses innovations à introduire dans
notre Code. Péril pour les créanciers, contradiction
des divers statuts, accroissement des frais, multiplicité des écritures, tout caractérise les inconvénients
du mécanisme de notre loi, et tout concourt à la démonstration de la thèse rendue si lumineuse par cet
extrait du rapport de M. de Vatimesnil :

« La péremption par l'expiration du délai de dix
« ans est la cause de la perte d'un grand nombre
« de créances.

« Il arrive rarement qu'on fasse un ordre sans
« trouver des inscriptions périmées.

« Si le créancier ou son mandataire vient à mou-

---

[1] Cf. Code hollandais, art. 1264 ; Code sarde, art. 2278.

« rir dans le cours de la dixième année, l'omission
« du renouvellement arrive d'une manière presque
« fatale, parce que les héritiers de l'un ou le suc-
« cesseur de l'autre n'ont pas eu le temps de prendre
« connaissance de l'affaire.

  « La nécessité du renouvellement dans les dix
« ans est une des causes qui détournent les capita-
« listes de prêter à long terme. Or, le prêt est
« presque toujours ruineux pour le débiteur quand
« il n'est pas fait à long terme. Il ne peut guère se
« former d'établissements de crédit foncier vraiment
« utiles qu'autant qu'ils prêteront à long terme [1]. »

En portant ces coups décisifs à la péremption décennale, la commission entrait en communion d'idées
avec les membres des Cours d'Amiens, Angers, Bastia, Douai, Grenoble, Metz, Montpellier, Nancy,
Paris, Poitiers, Riom, Rouen, et une partie de ceux
de la Cour de Bordeaux. Toutes ces compagnies dé-
ploraient l'irrationnelle atteinte portée par le Code
civil à la maxime de bon sens : *Accessorium sequitur
principale.* Toutes revendiquaient avec énergie une
réforme en ce sens. Les observations de ces Cours
contenaient, du reste, la complète réfutation de
l'unique objection tentée par les adversaires du projet, et empruntée à la prétendue complication des
registres hypothécaires. Cet aperçu bureaucratique,
peu digne de l'emporter sur des considérations sociales de premier ordre, est venu se retourner

---

[1] Page v du Rapport, même *Moniteur.*

complétement contre ceux qui s'en faisaient une
arme. La pratique des faits et les témoignages, dans
la grande enquête de 1844, des fonctionnaires ad-
ministratifs, ont été des plus concluants pour prouver que le renouvellement trentenaire a, sur le dé-
cennal, et la supériorité de la logique et celle de la
simplification [1].

Ce n'est pas seulement en France que cette question technique a été examinée; à la même époque,
nos voisins de la république de Genève, qui ne sont
pas sans compétence en pareille matière, s'en
préoccupaient aussi. J'emprunte au rapport au Conseil d'État de M. le syndic Girod cette phrase signi-
ficative : « ..... Le certificat du conservateur, sur-
« chargé de cette multitude d'inscriptions primitives
« et renouvelées, toutes destinées à dire la même
« chose, forme un volume dans le fatras duquel on se
« perd, et une pièce pourtant qu'on paye d'autant
« plus cher qu'elle est plus obscure et plus propre
« à induire en erreur..... »

Ces motifs avaient déjà inspiré la loi belge du
12 décembre 1828 et la loi hollandaise de 1834.
Ils ont également dicté l'article 47 du décret organique du Crédit foncier du 28 février 1852. Il est
de justice et de raison que ce décret cesse de constituer un privilége, et qu'il devienne le droit commun de la France.

[1] Cf. Notes de M. Loreau, directeur des domaines à Poitiers.
Documents relatifs au régime hypothécaire, t. II, p. 648.

§ 6. *Purge des hypothèques légales.*

Ce paragraphe nous met en face d'un nouveau monopole de la Société du Crédit foncier [1].

Une bonne loi sur la purge implique la solution de ces deux questions :

A quelles catégories d'intéressés faut-il conférer le droit d'affranchir les immeubles des hypothèques occultes ?

Par quelles formalités doit être obtenu ce dégrèvement ?

A. Le Code a répondu aux deux points ; ce sont les acquéreurs seuls, — jamais les créanciers hypothécaires, — qui ont le droit de puiser dans les articles 2193 et 2195 le moyen légal d'échapper au contre-coup des hypothèques clandestines. Depuis longtemps, les légistes ont été frappés de l'illogisme et de l'injustice de cette différence entre l'acheteur et le prêteur. Le premier, pour conjurer le péril d'une hypothèque occulte, après avoir déposé son contrat au greffe, n'a qu'à en faire publier l'extrait et notifier le dépôt à la femme, au subrogé tuteur et au procureur de la République ; après cela, s'il ne survient pas d'inscriptions, il peut payer son prix en toute sécurité : le voilà propriétaire incommutable, et n'ayant plus à redouter la moindre éviction. Le second, au contraire, est privé de cette

---

[1] Cf. Batbie, *Op. cit.*, p. 158.

faculté. Quelque attentives qu'aient été ses vérifications, quelle que soit la régularité de son bordereau, il ne livre son capital qu'avec appréhension, car il n'est jamais à l'abri de la soudaine révélation d'une hypothèque légale non inscrite, qui peut, tôt ou tard, le précipiter du premier rang au dernier. Dans la pratique, beaucoup de bailleurs de fonds tombent dans le piége, trompés par une garantie qui n'est qu'un leurre. D'autres, peu soucieux de jouer avec cette épée de Damoclès, s'abstiennent et gardent leurs capitaux. Voilà comment l'imperfection de notre loi réserve aux prêteurs des déceptions terribles, et prépare aux propriétaires, désireux de contracter des emprunts, des difficultés souvent insurmontables. A quelles extrémités sont souvent condamnés ceux-ci? Deux partis également désastreux leur restent à prendre : aliéner à vil prix le bien patrimonial, ou bien tourner l'obstacle par une vente temporaire, dont les conséquences sont pleines de dangers, fécondes en procès, et finissent, en reculant les difficultés sans les résoudre, par consommer leur ruine [1]. Échec au

---

[1] « Pourquoi contraindre le mari ou le tuteur qui a besoin d'ar-
« gent à vendre son bien, au lieu de contracter un emprunt sur
« hypothèque? Qu'imagine-t-il pour conserver son bien? Il vend
« à réméré, paye des frais considérables, purge, et souvent ne
« peut pas rentrer dans sa propriété, qui échappe ainsi comme
« garantie à l'exercice des droits des incapables. Est-ce un mari
« qui a besoin d'emprunter? Il fait obliger sa femme personnelle-
« ment et solidairement avec lui. Or, ne sait-on pas que l'aliéna-
« tion fait perdre à l'incapable son hypothèque, que l'obligation

placement des capitaux, et embarras pour la propriété immobilière, tel est le résultat d'un régime dont le vice le plus saillant était si bien mis en relief, dès 1844, par ce fragment du rapport de la Cour de Nancy :

« Ce serait, à notre avis, une amélioration bien-
« faisante, un véhicule puissant pour le crédit fon-
« cier, d'autoriser les créanciers hypothécaires, de
« même que les acquéreurs d'immeubles, à pur-
« ger les hypothèques légales. Les fonds prêtés res-
« teraient entre leurs mains, ou dans celles du no-
« taire, jusqu'à l'accomplissement des formalités de
« la loi; et si, après les délais révolus, aucune in-
« scription n'était prise, l'immeuble se trouverait
« affranchi, du moins vis-à-vis du prêteur. Cette
« réforme, en offrant un moyen d'éviter, en ma-
« jeure partie, le piége de l'hypothèque occulte,
« serait une réponse péremptoire aux critiques ar-
« dentes des partisans absolus de la publicité [1]. »

Cet aperçu inspira les rédacteurs du décret du 28 février 1852. Lorsque, à cette date, on voulut organiser des sociétés de crédit foncier, on comprit combien était vital pour elles l'exercice du droit de

---

« solidaire la compromet, tandis que la purge en matière de prêt
« ne lui fait perdre vis-à-vis du prêteur que son rang, qu'il re-
« couvre après le remboursement? L'application de la purge au
« contrat de prêt en général serait donc, suivant nous, une chose
« utile à l'emprunteur autant qu'au capitaliste. » (J.-B. Josseau,
Traité du crédit foncier, 2e édit., t. I, p. 335.)

[1] *Documents relatifs au régime hypothécaire*, t. II, p. 300.

purgement, et on le consacra à leur profit. L'article 25, § 1ᵉʳ, de ce décret portait :

« La purge, opérée par le défaut d'inscription,
« prise dans les délais ci-dessus déterminés, a pour
« effet de faire acquérir à la société du crédit fon-
« cier le premier rang d'hypothèque relativement à
« la femme, au mineur ou à l'interdit. »

Il en fut ainsi de la loi du 10 juin 1853, dont l'article 25, § 1ᵉʳ et 2, dispose aussi :

« La purge est opérée par le défaut d'inscription
« dans les délais fixés par les articles précédents.
« Elle confère à la société du crédit foncier la prio-
« rité sur les hypothèques légales. »

Ainsi, en vertu des textes du Code civil, les bailleurs de fonds se voient réduits à un inique état d'infériorité comparativement aux acquéreurs d'immeubles. De même, en raison des nouveaux statuts monumentés en 1852 et en 1857, les prêteurs ordinaires sont condamnés à la situation la plus désavantageuse, au respect des sociétés de prêt sur gages immobiliers.

C'est avec la plus énergique conviction que je me fais ici l'écho des réclamations les plus autorisées, en protestant contre le maintien de ce dissonant état de choses. La plupart de ces réclamations émanent du corps du notariat, organe très-compétent, en cette matière, des besoins publics [1]. Vaine-

---

[1] *Moniteur universel* du 21 décembre 1867, p. 1594.

ment on argüerait du danger qui résulterait pour la fortune des incapables de la généralisation de cette règle. Depuis plus de vingt ans, elle fonctionne avec régularité au profit de diverses sociétés foncières, sans avoir engendré de désastres. Les intéressés ou leurs représentants, — avertis par une publicité généralement suffisante, — ont su prendre leurs précautions et mettre en mouvement leurs droits. Encore un coup, pourquoi donc monopoliser, entre les mains de quelque compagnie puissante, le bienfait d'une mesure désormais éprouvée? Les immunités légales sont contraires au caractère dominant de nos lois. Elles sont une tache sur notre Code, dont chaque page porte la profonde empreinte de l'égalité civile. S'il a pu convenir à la période dictatoriale de se distinguer par des lois d'exception, il appartient à notre temps de replacer toutes les personnes sous la règle uniforme du droit commun. Je rappelle au surplus que l'exposé des motifs du décret du 28 février 1852 présentait la mesure en question comme un état temporaire, destiné à s'étendre plus tard à toute la législation[1]. Il y aurait justice à appeler tous les particuliers à la participation de ce bénéfice et au droit de purgement.

B. L'exercice de ce droit doit être subordonné à la réalisation de formalités propres à avertir, *avec cer-*

---

[1] *Moniteur universel* du 1er mars 1852.

titude, les ayants droit de la déchéance qui les menace. Tout appareil qui n'atteint pas ce but est impuissant, toute procédure qui n'a pas cette destination est frustratoire. Sous ce double aspect, les moyens organisés par les articles 2193 et 2195 du Code civil ont été l'objet de vives critiques, dont je néglige les points de détail pour rappeler uniquement les côtés essentiels.

Il faut, à cet égard, se garder de confondre le cas où la femme du vendeur ou bien le subrogé-tuteur sont connus de l'acquéreur, de celui où ils ne le sont pas.

Dans la première espèce, les procédés de la loi consistent dans le dépôt au greffe d'une copie de l'acte d'acquêt; — la notification de ce dépôt à la femme, au subrogé-tuteur et au procureur de la République; — l'affiche pendant deux mois dans l'auditoire du tribunal de l'extrait du contrat.

Dans la seconde, la notification aux intéressés ou à leurs représentants — impossible à faire puisqu'ils ne sont pas connus — est remplacée par une mention dans le journal des annonces judiciaires et par une signification au procureur de la République, ou simplement par cette dernière signification, *s'il n'y a pas de journal dans le département* [1].

Pour ce qui est du cas où l'existence des incapables a été révélée aux acquéreurs ou prêteurs, les

---

[1] Avis du Conseil d'État, du 9 mai 1807.

solutions sont simples. Beaucoup considèrent comme
une superfétation onéreuse l'affichage du contrat
dans un angle plus ou moins obscur d'une salle
d'audience. « Ces extraits, placés sous un réseau de
« fil de fer ou sous un verre, peu lisibles, non lus
« même des plus oisifs habitués des audiences, sont
« l'objet de la dérision des jurisconsultes [1]. » Il en
faut dire autant du dépôt de l'acte au greffe, où
personne ne va le lire. Une garantie de premier
ordre, au contraire, c'est la notification, non d'un
acte de dépôt inutile, mais de *l'extrait même du contrat* à la femme ou au subrogé tuteur. Considérée
comme nécessaire à l'endroit des créanciers à hypothèque conventionnelle, cette intéressante signification devrait, par un évident *à fortiori,* être exigée
au profit des personnes incapables bénéficiaires
d'une hypothèque légale. Une seconde mesure non
moins efficace que la première est à imposer. Il faut
que la loi annule toute notification non remise à la
personne même de la femme. Vous voulez adresser
à celle-ci un avertissement utile ; ne tolérez pas qu'il
aille s'égarer entre les mains de son mari, directement intéressé à le détourner de son but. C'est pour
répondre à ce point de vue capital que la loi précitée
du 10 juin 1853, spéciale aux sociétés de crédit foncier, a disposé :

---

[1] *Exposé des motifs* du projet de loi concernant les ventes judiciaires d'immeubles, partages, et la purge des hypothèques.
Moniteur universel du 21 décembre 1867.

« Article 19. Pour purger les hypothèques légales
« connues, la signification *d'un extrait de l'acte con-*
« *stitutif d'hypothèque* au profit de la société du
« crédit foncier doit être faite :

« A la femme et au mari;

« Au tuteur et au subrogé-tuteur des mineurs ou
« de l'interdit;

« Au mineur émancipé ou à son curateur;

« A tous les créanciers non inscrits ayant acquis
« hypothèque légale..... »

« Article 21. La signification doit être remise *à la*
« *personne de la femme,* si l'emprunteur est son mari. »

Je crois avec divers écrivains qu'il y aurait lieu
de remédier à l'insuffisance du Code sur ce point,
et d'emprunter les principaux éléments de cette réforme aux textes que je viens de citer.

Quant à l'hypothèse, assez fréquente dans la pratique, d'un prêteur ou d'un acquéreur qui ne connaît pas la femme ou le subrogé-tuteur, elle est
particulièrement digne de l'attention des juristes.
C'est précisément parce que l'existence de ces ayants
droit a peut-être été frauduleusement déguisée par
le vendeur ou l'emprunteur disposé à les frustrer,
que le législateur doit redoubler d'efforts. Il lui incombe de déconcerter de coupables connivences, au
moyen des formalités les plus efficaces. Je confesse
que les monuments et les travaux législatifs déjà
existants ne me semblent avoir que très-imparfai-
tement satisfait à ce devoir.

Le Code civil, on le sait, était, à cet égard, d'un mutisme aussi absolu que dangereux. L'avis précité du 9 mai 1807 du Conseil d'État a proclamé la nécessité d'une publicité spéciale, mais il est demeuré au milieu du chemin. Le journal des annonces judiciaires, quand il en existe un, n'arrive pas nécessairement aux mains des intéressés, et le dépôt d'une feuille de papier timbré dans un parquet où affluent les affaires nombreuses d'un arrondissement souvent très-populeux, ne saurait être le moyen topique. N'en faut-il pas dire autant de celui établi par l'article 24 de la loi du 10 juin 1853 sur le crédit foncier, qui se borne à exiger une notification à deux procureurs de la République au lieu d'un seul? Enfin l'on est surpris, en méditant soit l'exposé des motifs, soit le texte même du projet de loi avorté de 1867, concernant les ventes judiciaires d'immeubles, partages, et la purge des hypothèques, de n'y rencontrer que cette laconique disposition :

« Article 1524. A l'égard des créanciers à hypo-
« thèque légale qui ne seraient pas connus du nou-
« veau propriétaire, les formalités prescrites par
« l'article 151 tiendront lieu des notifications pres-
« crites par l'article 150. » Or, l'article 150 se borne à prescrire l'insertion, dans les journaux, des stipulations essentielles du contrat, et la remise au parquet d'un exemplaire du journal. De la sorte, le reproche d'insuffisance adressé déjà à ce procédé de publicité retrouve ici sa place.

Sans doute la mise en demeure *ad personam* ne peut malheureusement s'appliquer à la conjoncture dont il s'agit, mais l'objectif du législateur doit être la découverte du moyen qui s'en rapproche le plus. Je me demande si *le prescrit d'une notification au juge de paix du domicile du vendeur ou de l'emprunteur, et au juge de paix de la situation de l'immeuble,* ne serait pas déjà un progrès. La substitution du magistrat cantonal aux officiers du parquet déjouerait souvent certaines réticences. Placé bien plus près des justiciables, sachant mieux leur identité, le juge local ferait plus souvent que le procureur de la République parvenir à l'adresse des intéressés la connaissance de la déchéance dont ils sont menacés. Il éveillerait leur attention, et ici, comme dans beaucoup de cas, rendrait les meilleurs offices. Peut-être serait-il sage aussi d'ajouter au délai légal certains délais de distance. Je pose ici ce problème complexe, dont les délicatesses sont extrêmes, et sans même tenter de le résoudre, j'en signale la donnée aux méditations du législateur, en répétant ici ce que j'ai dit plus haut :

En matière hypothécaire, il y a beaucoup à faire, et il est nécessaire de faire sans retard quelque chose.

XX

L'unanimité des juristes a reconnu et reconnaîtra toujours l'indubitable légitimité de la prescription adoptée, par toutes les législations du monde, pour suppléer à la fragilité des preuves humaines.

En consacrant un très-court chapitre à ce sujet capital, je ne prétends ni démontrer ce qui est un axiome, ni contester ce qui est une évidence. Je m'empresse seulement de rappeler qu'en cette matière la critique se trouve enfermée dans la plus étroite sphère; elle se concentre sur des questions de mesure et des aperçus de forme.

Quant aux premières, une anomalie grave est à signaler à l'égard de la prescription avec titre et bonne foi, limitée à dix années, lorsque le véritable propriétaire habite dans le ressort de la Cour d'appel où est situé l'immeuble, et étendue à vingt ans, s'il est domicilié hors du ressort. Cette distinction est une atteinte aux conditions d'uniformité et de simplicité qui sont les traits dominants de notre législation. Elle a d'ailleurs le tort grave d'être, dans la pratique, d'une application difficile, et d'engen-

drer de dispendieux débats. Le domicile dont il
s'agit est-il une résidence de droit ou une habita-
tion de fait? Que décider dans le cas où, durant la
période légale, l'intéressé a eu divers domiciles? La
source de ces divers conflits sera tarie du jour que
notre Code fixera le temps de la prescription à la
période décennale, pour tous et pour chacun. L'état
de dualité qui nous régit encore a une cause pure
ment historique, et l'adoption de la prescription à
deux termes de l'article 2265 fut un compromis
entre le système de la coutume de Paris qui l'ad-
mettait, et celui de diverses autres coutumes qui le
repoussaient. Dans le temps des parlements et des
sénéchaussées, et à l'époque où le coche mettait
quinze jours à se rendre de Paris à Marseille, un tel
statut se concevait. Mais une explication historique
n'est pas une justification rationnelle, et une modification, en ce sens, mettrait le Code en harmonie
avec nos rapides moyens de communication, pré-
viendrait bien des litiges, satisferait la logique, et
rendrait un nouvel hommage à la règle de bon sens :
Jura vigilantibus.

Sur ce terrain des controverses, il conviendrait
aussi d'anéantir, par une disposition générale et
réglementaire, diverses difficultés doctrinales et
pratiques engendrées par l'ambiguïté de certains
textes relatifs au point de départ des courtes prescriptions. Mais ce sont là, je le répète, des aperçus
de second plan, et je bornerais ici ce travail si je

ne cédais au besoin d'accorder quelques lignes à la question de la possession, ou plutôt à celle si complexe et si quotidienne des actions possessoires. Cet aspect m'é oigne de mon cadre, puisqu'il m'entraîne sur le terrain de la procédure. Mais je n'entends y demeurer qu'un instant, et l'importance de la matière sera mon excuse. Aussi bien les actions possessoires ne sont que des possessions débattues en justice, et les jurisconsultes savent que les litiges engagés à cet égard sont des plus fréquents au Palais. Ces innombrables procès tiennent à l'incertitude de la science, et cette incertitude à son tour procède de la carence des textes.

Quelques dispositions du Code de procédure (23 à 27) et un article de la loi spéciale du 25 mai 1838 forment un bien insuffisant bagage ; ils ont laissé entières, sur les conditions de la complainte, sur les caractères et même sur l'existence de la réintégrande, etc., une série de difficultés qui sont à résoudre législativement.

A titre d'exemple, j'en citerai une seule très-sérieuse, et qui m'a souvent préoccupé. Je veux parler de la question de savoir si la *récréance* existe encore dans notre droit. On sait que la récréance était, dans notre ancienne jurisprudence, « la garde [1] « provisoire de l'objet litigieux confiée à l'une ou

---

[1] Aubry et Rau, *Cours de droit civil français,* t. I, p. 461.

« l'autre des parties, à la charge de rendre compte
« des fruits, le cas échéant ».

L'état de fait, auquel correspondait cette conception de nos devanciers, d'abord réservée aux
matières bénéficiales [1], et étendue ensuite à toutes
les contestations, se représente de nos jours, à
chaque instant, devant les tribunaux de paix. Fort
souvent, il advient qu'en cas de complainte, le
défendeur oppose lui-même une sorte de complainte
reconventionnelle, et que, vérification faite, il est
constant que le demandeur et le défendeur sont,
depuis longtemps, tous deux en possession de
l'objet, sans que la détention de l'un soit plus
caractérisée ou mieux titrée que celle de l'autre.
Maintenir les deux parties en possession commune
jusqu'au jugement des droits pétitoires, paraît une
solution naturelle et équitable; malheureusement,
elle ne peut toujours satisfaire la conscience du
juge. En raison de la nature des choses, cette
comaintenue est quelquefois difficile, même impossible; elle est d'ailleurs souvent périlleuse, parce
qu'en raison du contrat quotidien qu'elle engendre,
elle rendrait imminent un conflit manuel entre des
contendants irritables. Pour éviter ces périls, le
magistrat est souvent tenté de recourir à la mesure
pacifique et provisionnelle de la récréance. Mais
a-t-il le droit d'en user?

[1] Ordonnance de Louis XII et de François 1er. Voy. aussi Ordonnance de 1667.

Divers écrivains[1], invoquant la lettre absolue de l'article 1041, le lui dénient.

Il est vrai que d'autres auteurs[2] admettent l'affirmative, plusieurs fois proclamée par la Cour régulatrice[3].

Mais voici que cette Cour elle-même semble tout d'un coup abandonner ses errements, et qu'elle décide que, dans l'espèce lui déférée le 22 juillet 1868, « les enquêtes n'ayant pas démenti le bien « fondé de la demande, le juge de paix devait en « débouter purement et simplement les demande- « resses[4]. »

En présence de cette dernière oscillation, l'obscurité va s'étendant de plus en plus : il est urgent, et il est facile aussi de la faire cesser. Ici le retour au régime si pratique de la grande ordonnance de 1667 ne paraît pas devoir faire de doute, législativement. Pourvu d'avantages sérieux, ce système ne semble offrir aucun inconvénient. Personne ne lui contestera sa place dans le nouveau et complet chapitre de la possession, qui sera un jour, je l'espère fermement, introduit dans le titre de la prescription.

---

[1] Chauveau sur Carré, *Loi de la procédure*, question III; Bugnet sur Pothier, t. VII, p. 398; Crémieu, *Théorie des actions possessoires*, p. 45 à 461; Beluire, *Droit de possession*, nᵒˢ 393 et suiv.; Garnier, *Des actions possessoires*, p. 69.

[2] Aubry et Rau, *loc. cit.*; Henrion de Pansey, *Compétence des juges de paix*, ch. XLVIII; Troplong, *Prescription*, t. I, nᵒ 339.

[3] D. P., 1841. 1. 30. — 1860. 1. 490.

[4] D. P., 1868. 1. 446

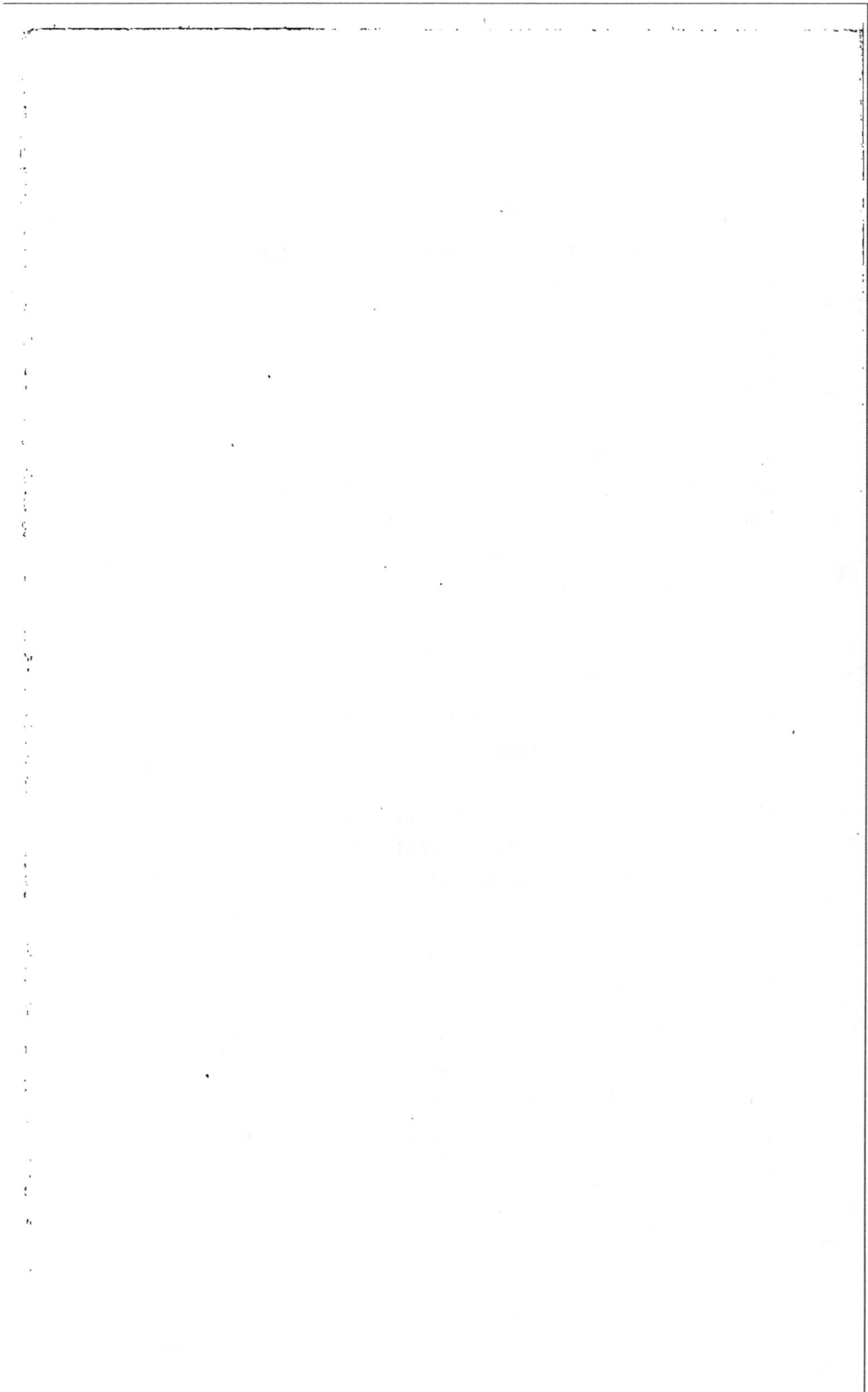

XXI

CONCLUSION.

Encore quelques lignes, et je pourrai clore ce livre, dont je voudrais synthétiser ici la pensée dominante.

Les grandes institutions humaines revêtent souvent un côté légendaire. Tel apparaît, sous un de ses aspects, le Code civil de 1804. Né avec le siècle, il en a reflété les libérales institutions et les précieuses conquêtes. Égalité civile, abolition des services féodaux, exclusion de l'arbitraire du juge, tels en ont été les traits les plus saillants. A ce titre, il est devenu, tant en Europe que dans le nouveau Monde, le modèle d'une série de législations. Le spectacle de ces adoptions répétées a été pour nous glorieux mais dangereux. Trompés par un séduisant mirage, et conduits à une admiration sans réserve pour une œuvre réputée complète et devenue légendaire, nous n'avons plus, à part quelques retouches sans suite, osé toucher à l'arche sainte.

Telle n'a pas été l'attitude des peuples qui ont, soit par la force des armes, soit par celle de la raison, subi ou emprunté notre législation. Des corrections sérieusement mûries, des additions devenues nécessaires, ont signalé leurs efforts. La Belgique, par un nouveau procédé de publication des lois et de réglementation de l'emphytéose; la Pologne, par la proclamation équitable des droits successoraux du conjoint survivant; la Sardaigne et les Deux-Siciles, en étendant l'obligation alimentaire aux frères et sœurs, et en accordant aux ascendants la faculté d'exhéréder les enfants coupables de sévices sur leurs auteurs; la Hollande, en donnant à l'inscription hypothécaire une durée égale à celle de la créance même; le canton de Genève, par l'institution civile du cadastre; la Bolivie et la Louisiane, au moyen d'un énergique système tutélaire, ont redressé des iniquités et comblé des lacunes du Code type.

D'un autre côté, les autres nations ne se sont point maintenues dans cette infériorité constante que beaucoup de nos compatriotes sont enclins à s'imaginer. Sans doute le régime de féodalité et de substitution, qui pèse sur diverses parties de l'Allemagne et sur l'Angleterre, y fait échec aux principes sociaux et économiques qui nous sont justement chers; en même temps, l'absence de codification et la diversité des sources juridiques constituent dans ces pays, et dans plusieurs autres, autant de difficultés de solution pour les magistrats et de causes funestes de procès pour les citoyens. Mais, en revanche, ces divers États possèdent, sur d'importantes matières, des monuments législatifs dont notre Code aurait besoin de s'enrichir.

A l'inanité de nos règles, impuissantes à protéger les capitaux pupillaires, l'Allemagne, la Norvége, la Prusse, la Russie, l'Autriche et l'Italie opposent une forte et simple organisation, qui déjoue les fraudes et conjure les dilapidations. — En matière successorale, nous en sommes encore à l'étonnante qualification de « successeur irrégulier », réservée à l'époux survivant, alors que presque toutes les lois européennes, y compris la loi turque, plus humaines que la nôtre, assignent au conjoint une juste place dans l'hérédité conjugale. — Dans le statut matrimonial, les inflexibilités de la loi française contre l'aliénabilité, même la plus avantageuse, du fonds dotal, sont tempérées par une rationnelle combinaison en Suisse et dans l'Amérique du Sud. — En dépit de son article 1134, le Code civil intervient dans les contrats de louage, de société, de nantissement, de prêt à intérêt, pour frapper d'interdit certaines stipulations. Plus sages et plus logiques, par conséquent plus justes, le droit anglais et le droit norvégien, le droit prussien et le droit danois ont abandonné aux parties contractantes la faculté de pondérer librement leurs conventions..... Il serait facile de multiplier ces exemples, de mettre en lumière la supériorité de diverses législations étrangères, au cas d'assurance, d'hypothèque, etc. Mais j'ai hâte de poser ma conclusion.

Ce serait de notre part la plus naïve et la plus dangereuse des infatuations que de fermer à tout jamais, en le croyant parfait, le livre de nos lois, et de nous abandonner à une trompeuse quiétude, lorsque nous sommes menacés d'être devancés dans les voies de la civilisation par ceux qui furent d'abord nos imitateurs ou nos émules. La sainte obligation du travail s'impose aux sociétés comme aux individus, et le perfectionnement de nos institutions civiles doit être un des plus puissants ressorts de notre rénovation. Sans doute il y aurait folie à en ébranler les impérissables assises. Mais notre culte pour la grande œuvre de 1804 ne saurait sans péril se transformer en fétichisme. Le devoir des générations successives est d'analyser, sans parti pris comme sans défaillance, les dispositions variables de la législation, d'en faire concorder les règles contingentes avec les temps et avec les milieux, et de marcher avec une virile résolution dans les voies du progrès.

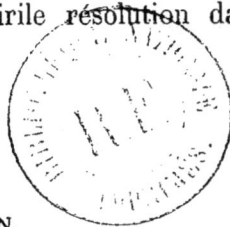

FIN.

TABLE DES MATIÈRES.

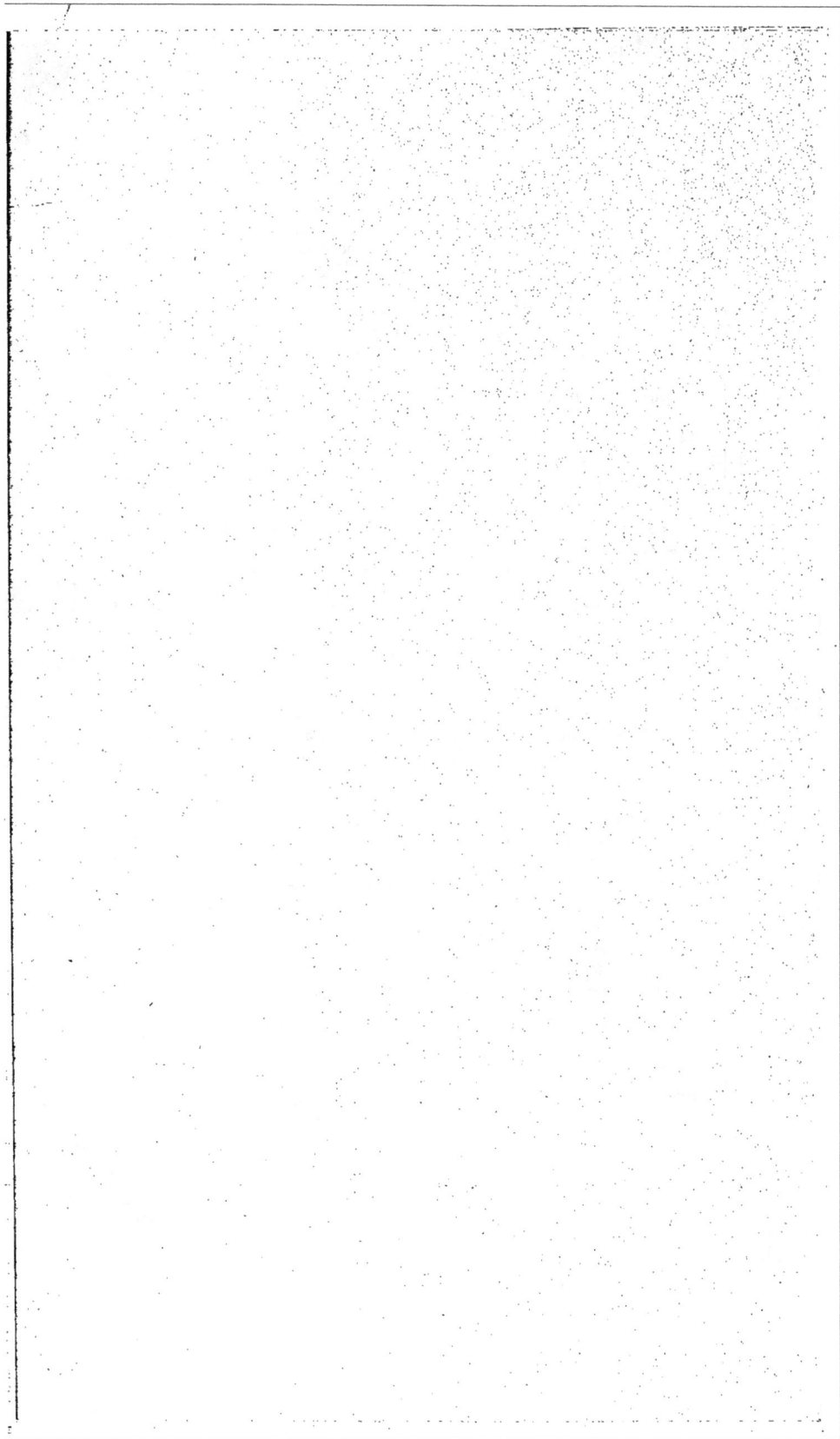

PARIS. TYPOGRAPHIE DE E. PLON ET Cie, RUE GARANCIÈRE, 8.

www.ingramcontent.com/pod-product-compliance
Lightning Source LLC
Chambersburg PA
CBHW070547200326
41519CB00012B/2138